삶을 보는 새로운 시선

괴짜역술가

삶을 보는 새로운 시선 **괴짜역술가**

초판 인쇄 2018년 8월 30일
초판 발행 2018년 9월 7일

글 쓴 이 임 데니얼
펴 낸 이 최영민
펴 낸 곳 영성과 지혜
인 쇄 처 미래피앤피

주   소 경기도 파주시 신촌2로 24
전   화 070-8892-2277
팩   스 031-942-8688
이 메 일 pnpbook@naver.com

출판 등록 2015년 3월 27일
등록 번호 제406-2015-31호

ⓒ 임 데니얼 2018

I S B N 979-11-87244-28-8

* 저작권법에 의하여 국내에서 보호를 받는 저작물이므로 무단전제와 복제를 금지합니다.
* 잘못된 책이나 파본은 구입하신 서점에서 교환해 드립니다.

삶을 보는 새로운 시선

괴짜역술가

영성과지혜

머리말

우리는 정보의 홍수 속에서 살고 있다. 수많은 성공법을 제시하는 책들과 경연회, 돈을 벌어준다는 책들과 회사에서 살아남는 법, 회사에서 성공하는 법 등등 다양한 도서를 접해봤을 것이다. 지금 이 책을 손에 넣은 분은, 분명히 저런 책들 중 1권 이상은 접해 봤을 것이다. 유심히 관찰할 수 있는 침착성과 약간의 머리만 있다면, 그 수많은 성공법이 결국은 모두 당신이 하기에 달려 있다는 것을 알려준다.

수년간 많은 사람들을 카운슬링하면서 말에 담긴 엄청난 힘을 체험하고 보고 공감해 왔다. 따라서 이 책에서는 그동안 발견한 말의 원리, 생각의 원리와 사용법 등을 여러 가지 일례를 들어서 전달하고자 한다.

여기에 기록한 이야기들이 독자들에게 많은 도움이 되기를 바라며, 아무런 편견 없이 받아들이면서 책의 내용을 따라가 보기를 희망한다. 그러면 많은 것을 거머쥐고 있는 당신을 발견할 것이며, 원하는 것을 이룬 당신을 발견하게 될 것이다.

우리는 모두 하느님의 표현이다. 기독교에서는 우리 인류를 죄인이라고 가르친다. 이 엄청난 말이 인류를 정말로 죄인으로 만들고 있다. 하지만 인류는 죄인이 아니며, 심장이 뛰는 우리들은 모두 하느님의 표현이다.

하느님이 100% 표현된 존재가 그리스도이고, 부처인 것이며, 신선인 것이다. 우리들은 모두 하느님과 연결되어 있으며, 하느님의 힘이 끊임없이 우리에게 계속 들어오고 있다. 당신의 심장이 뛰는 것은 당신이 밥을 먹었기 때문이 아니라, 하느님이 당신을 살게 하고 있기 때문이다. 예수 그리스도가 하였던 '오병이어'의 기적을 당신도 할 수 있다. 또한 예수 그리스도가 하였듯이 물 위를 걸을 수도 있다. 우리들은 각자 그만큼 표현된 하느님이기 때문이다.

  당신은 남보다 공부를 더 잘하는 하느님, 남보다 골프를 더 잘하는 하느님, 남보다 외국어 습득 능력이 뛰어난 하느님, 남보다 가르치기를 잘하는 하느님, 남보다 치유능력이 뛰어난 하느님이다.

  우리들은 모두 다르다. 우리 안에 있는 하느님의 무한한 힘을 각자 개인의 소망과 바램과 노력에 의해서 개발되고 표현되는 순서가 다르기 때문이다.

  나는 약사이며 세계 최고의 역술가이며, 호국지인의 인을 전수 받은 사명대사의 직계 후손이다. 여러분들에게 사실과 함께 진리를 전하는 메신저로서 나를 이해해 주기 바라는 마음에 이 글을 쓰게 되었다.

  이 책에서는 우리의 내면에 숨 쉬고 있는 하느님의 힘을 어떻게 해방시켜서, 그 힘으로 무엇을 어떻게 할 수 있는지를 알려준다. 모두 진실한 내용들로 직접 체험한 것이며, 나의 영혼이 알고 있는 것들이다.

  따라서 이 책에 수록한 내용들을 독자들이 현재 처한 상황에 맞게 받아들인다면 인생을 살아가는 데에 많은 도움이 될 것이라 믿는다.

임 데니얼

차 례

#1_하나 살아 있는 생각

역술가	14
간절함에 대하여	17
감정연습_1	19
감정연습_2	20
거울상법칙(Mirror-image law)	22
걱정이 그치지 않을 때	24
경제에 대한 자세	26
글쓰기의 힘	29
끌어당김법칙(Law of attraction)의 패러독스	29
나무의 지혜	35
남의 시선은 신경 쓰지 말라	37
피해보고 있다고 생각될 때	39
다름에 대하여(About difference)	41
모험에 대하여	42
두려움에 길들여지다	43
세상은 두렵고 힘들며	45
당신의 뜻과는 다르게 흐를 때가 있다	45
당신이 정말로 원하는 것	46
먼저 해야 할 것에 집중하는 힘	47
지금을 살다	49
존재상태의 비밀법칙	51
태극에 대하여	52
'제대로 산다!'와 '열심히 산다!'	55
상념의 힘	56
생각은 살아있다	57
누군가 부정적인 이야기를 한다면	60
생각만으로 이런 일들이 가능하다고?	60
인생을 바꾸는 비밀	62

#2_둘 우주의 작동법

우주의 작동법_1	66
우주의 작동법_2	67
그리스도가 된다는 것(To be Christ)	68
기도祈禱	69
기도의 방법	70
깨어있음	71
남자의 갈빗대로 여자를 만드시니	72
두려움에 대해서_1	73
두려움에 대해서_2	74
두려움의 소화시간	75
로마서 8장 29절	77
마가복음 11장 24절	78
말에는 척신이 붙어 있다	80
바다의 이치	81
방언하는 영이 쓰인 여성	82
백년을 근심하는구나!	84
병적인 나태함에 대해	85
분노_1	86
분노_2	88
신神이 된다는 것	90
신에게 묻기를	91
주문呪文, 진언眞言의 효과	92
어린아이처럼 되라	94
우리는 하느님의 표현이다	95
말의 원리	96
하느님의 힘	98
하느님을 작동시키는 법, 그것은 말	99
현실로 이루어지는 시간차	100
수치로 이해하자	101
일이 되는 자와 일이 되지 않는 자	102
하느님의 힘은 선악이 없다	104
정보의 위험성	107
하느님에 대한 바른 이해	109

하느님에 대한 진실	111
하느님의 표현법=하느님의 해방법	113
종교에 대하여	115
신이 된다는 것	116
주송呪誦은 신지로야神之路也요	118
부符는 신지택야神之宅也라	118
죽음을 앞둔 당신에게	118

#3_셋 사랑의 완성

15살의 당신에게	124
'공부를 잘한다'의 패러독스	125
1등이 되고 싶은 고등학생	128
예쁜 애인이 생기기를 바라는 남자	131
자살하고 싶은 의사	134
시크릿대로 했는데 안 된다고 찾아온 대학생	137
부부생활의 사주팔자	140
부부생활을 답답하게 느끼는 아내	142
사랑의 속도가 느린 여자와 너무 빠른 남자	144
첩(concubine)을 둘 수밖에 없는 남자사주	145
사랑의 완성	146
사랑의 패러독스	147
사랑이 다른 게 아니다	153
사랑에 대한 심화	155
연애의 목적_1	156
연애의 목적_2	157
싱글과 돌싱의 패러독스	158
부모와 자식의 관계를 힘들어 하는 아이	162
부모에게	164
내 심장의 속도로 살자	166

#4_넷 당신에 대한 메시지

삶의 목적은 기쁨이다	170
장사하는 것, 사업하는 것, 나의 것을 하는 것	171
장사의 기술	172
직원을 대하는 사장의 이치	173
사장의 이치	174
직원의 이치	176
직장인들에게	177
직장인의 패러독스	179
상황을 바꾸는 지혜	181
정직이 최상이다	182
솔직하다와 정직하다에 대해서	183
착한 자의 패러독스	185
집안을 일으킨 며느리	187
잘되는 것에 대해	188
정량법칙	192
부자의 패러독스	194
세상 모든 돈을 가지는 방법	199
당신이 어떤 사람 때문에 힘들다면	200
현실은 누군가의 시선이 집중된 생각이 물질화된 것이다	202
인생은 블루마블 게임과 같다	203
성공에 대한 상고	204
Burn out을 피하려면	205
미래를 위해 살지 말고 미래로부터 살자	207
말에는 엄청난 힘이 있다	208
배짱 있게 산다(be boldness)	210
당신에 대한 메시지	211

생각은 살아 있다. 생각은 실제적인 일을 이루어지게 하는 에너지이다.

#1_하나 살아 있는 생각

역술가

역술가曆術家는 해와 달과 별들의 운행과 사람의 운명 사이의 관계를 풀어 예측하는 사람이라고 정의할 수 있다. 일월성신日月星辰의 운행을 그 사람이 태어난 생년월일시로 풀어서 사주四柱로 풀고 팔자八字로 코드화시켜, 그 사람이 가지고 태어난 기운을 해석한다. 즉, 그 사람이 용인지, 봉황인지, 호랑이인지, 늑대인지, 상어인지, 돌고래인지를 판단한다. 그리고 혼자 사는 것이 나은지, 무리 생활이 나은지, 온순한지, 사나운지, 권력형인지, 순종형인지 등등 수많은 분류를 정리한다.

그래서 각 해마다 그 사람에게 일어날 일들을 알아내어 위험한 해에는 위험을 피할 수 있는 법과 대박인 해에는 어떻게 하면 그 기회를 잡을 수 있는지를 풀어서 설명한다. 진짜 역술가는 힘의 작동법과 이치를 설명하는 자라고 해석하는 것이 더 나은 표현이라 할 수 있다.

많은 분들은 내게 "올해는 어때요?", "저는 언제 좋아지나요?", "언제 돈이 모이나요?", "언제 이 힘든 상황이 사라지나요?"라고 물어온다.

사람들은 저마다 좋아지는 해年는 정해져 있다. 대박이 나는 시기도 정해져 있으며, 세상의 공명을 다 얻는 시기도 정해져 있다. 또한 힘든 시기도 정해져 있으며, 괴로움과 가슴 아픈 이별을 해야 하는 시기도 모두 정해져 있는 것이 사실이다.

그러나 아무리 좋은 때가 와도 대부분의 사람들은 "나쁜 일은 안 생겨." "지금은 너무 좋아." 하면서 데이트 하러 다니거나 놀러 다니며 돈을 쓰고, 생각 없이 대출로 집을 사며, 지금과 같은 봄날이 평생 갈 줄 알고 결혼도 하고 아기도 낳는다. 그리고 그 좋은 때를 그냥 소비하면서 지나가 버린다.

사람들은 일월성신의 조화로 각자의 대운大運을 받아서 태어난다. 보통 드라마나 영화에서 잘못 배운 역술가나 무속인들이 TV에 나와 "올해부터 대운이 열리네, 좋아!"라고 표현한다. 하지만 대운은 그런 뜻이 아니다. 대운은 말 그대로 큰 운의 흐름이라는 뜻이다. 따라서 대운은 정말 좋을 수도 있지만, 매우 나쁠 수도 있다.

대운은 우리의 봄, 여름, 가을, 겨울의 이치와 똑같다. 단지 차이가 있다면 우리의 사계절은 순서가 있어서 우리들은 자연스럽게 옷을 준비하고 대비하지만 대운이라는 운명의 사계절은 순서가 없다는 점이다. 봄부터 오는 사람, 겨울부터 오는 사람, 제각각이다.

또한 사계절은 3개월 단위로 존재하며 순서에 따라 바뀌지만, 대운이라는 운명의 사계절은 10년 단위로 바뀐다. 그래서 보통

10년간은 동일한 계절이 이어지기 때문에 삶의 변화가 없어 보인다. 그리고 각 해마다 작은 운명의 계절이 6개월씩 쪼개어져 찾아온다. 음력 1월부터 6월까지 작은 계절하나 음력 7월부터 12월까지 작은 운명의 계절 하나가 섞이면서 1년을 만든다. 작은 1년치 운명의 계절과 큰 10년치 운명의 계절이 섞이고 그 안에서 각 사람이 어떤 선택을 하느냐에 따라 결과는 다양하게 다가온다.

역술가는 사람이 갖고 태어난 기운과 운명을 계산하여 그 사람이 소속된 10년치의 대운에서 각 1년마다 작은 운명의 계절을 이어, 올해 가장 합당한 행동 방법과 마음자세, 그리고 해방해야 할 자신의 기운과 다스려야 할 기운을 선별하여 다가올 새로운 10년의 대운을 위해 지금 해야 할 가장 합당한 자세를 알려준다. 즉 한 사람의 삶을 최상으로 인도하는 것이다.

사주팔자四柱八字는 숙명론이 아니다. 진실한 사주팔자는 개척론이다. 가령 '너는 이렇게 될 것이니, 그렇게 살다 죽어라'가 아니라, 사람이 가지고 태어난 기운과 대운으로 운명의 겨울에는 차분히 기다리면서 힘을 모으고, 운명의 봄에는 밭에 씨를 뿌려 수고를 마다하지 않게 하며, 운명의 여름에는 그늘에서 천천히 쉬어가면서 길을 가게 하여, 운명의 가을에 모든 보상을 받고 최고의 기쁨과 최상의 행복을 누리게 하는 것이 진본사주珍本四柱라 할 수 있다.

간절함에 대하여

우리는 모두가 원하는 것이 있다. 드물게는 원하는 것이 없는 사람도 있다. 그들은 이미 행복하다고 느끼거나 불행에 길들여져 버린 경우일 수가 있다. 사람들마다 원하는 것은 다르다. 어떤 사람은 소원을 이루어 기쁠 때가 있을 것이고, 어떤 사람은 절반에 만족하는 경우도 있으며, 또 어떤 사람은 소원을 이루지 못하고 그냥 살아가는 경우도 있다. 사람들의 삶이란 이렇게 세 가지 경우로 나눠진다. 그렇다면 이 세 가지로 나누어지는 결정적인 요소는 무엇일까? 바로 간절함(desperate)이다.

"당신에게는 소원을 이루고자 하는 간절함이 있는가?"

당신은 혹시 엄청난 재력가가 되고 싶어 할 수 있다. 그러면 당신은 자신의 사생활을 모두 포기하고 돈을 벌 수 있는 아이템을 찾아 목숨을 걸고 움직여야 한다. 재력가는 되고 싶은 데 막상 하려니 막막하기만 하고, 친구가 부르면 술 마시러 나가고 놀러 나가고 싶은 마음이 크다면 그 꿈은 이룰 수 없다.

2017년 비트코인의 열풍이 한국을 강타할 때, 29살 청년-이 친구는 종재격이라고 거대한 재물을 손에 거머쥘 운명-이 상담하러 방문했다. 자신이 비트코인으로 1,000억 원대 재산을 모을 수 있겠냐는 것이었다. 된다고 했다. 그는 실제로 80억을 벌어 현금화하였는데, 정부의 규제가 없었다면 2018년 말쯤에는 1,000억을 찍었을 것이다. 80억으로 고향에 소형 아파트 몇 채를 샀고, 노후계획을 하나씩 준비 중이라고 했다.

이 청년은 비트코인을 할 당시, 하루 2시간을 자면서 했다고 한다. 중간에 다시 방문했을 때는 살이 너무 쪄서 건강이 나빠진 상태였는데, 그가 궁금해 했던 것은 80억을 더 번 다음 손을 떼야 하는지, 아니면 지금 손을 떼야 하는지 하는 문제였다. 나는 지금 손을 떼라고 했다. 이후 그는 다행히 다른 아이템을 연구 중이라고 한다.

당신은 2년간 하루 2시간을 자면서 살 수 있겠는가? 물론, "그 사람은 재력가가 될 팔자니 미쳐서 그렇게 할 수 있지 않겠느냐."라고 묻는다면, 틀린 생각이라고 말해주고 싶다. 나는 그에게 재물자리가 하늘 끝까지 이르게 될 수 있는 방법을 알려주었고, 그는 그것을 노력으로 이뤄낸 것이었다. 즉, 그의 간절함이 이루어낸 기적이라 할 수 있다.

명문대를 가고 싶다면 당신은 그 간절함에 합당한 에너지를 들여야 하며, 어떤 맘에 드는 여성과 결혼하고 싶다면 그 또한 간절함에 합당한 에너지를 들여야 한다. 모든 것은 간절함의 정도에 따른 것일 뿐이다. 그리고 그 간절함에 합당한 시간과 노력과 자금을 투자해야 한다. 그래야 비로소 당신의 소원은 이루어진다. 가끔 세상을 간단하게 볼 필요가 있다. 나는 내 목표에 얼마나 간절했는가? 당신의 소원에 간절해야 한다.

감정연습_1

우리는 보통, 어떤 이는 이치에 맞게 생각하고 조금 냉정하다 말하고, 어떤 이는 참 감정적이고 정서적인 사람이라 말한다. 통상적으로 '냉정한 사람이다' '따뜻한 사람이다'로 구분한다. 사실 냉정하다고 평가받는 사람은, 냉정하게 일을 처리해야 자신의 감정기분이 좋아지는 사람이기 때문에 그렇게 처리하는 것이다. 반면 따뜻한 사람은 주변 사람들에게 따뜻하게 하는 것이 자신의 감정기분이 좋아지는 방법이기 때문에 그렇게 일을 처리하여 따뜻한 사람이라는 평판을 듣는 것이다.

인간은 이치적이며, 과학적이고, 또한 절차적이며, 합리적이다. 즉, 실질적으로는 100% 감정의 인격체이다. 그래서 말 한 마디로 천 냥 빚을 갚는다는 말이 나온 것이다. 그러므로 여러분이 어떤 일을 처리할 때나 누구를 만날 때는 상대의 기분과 감정의 흐름이 어디로 향하는지를 미리 생각해야 한다.

여러분이 아무리 이치적이고 합리적으로 일을 처리하였다 해도 그 이치와 그 합리 때문에 누군가가 크게 손해보고 상처를 받았다면 그것은 반드시 업보가 되어 당신에게 그대로 돌아간다.

 상대의 감정을 먼저 살피는 것이 감정연습의 핵심이다. 당신의 감정을 상대에게 그대로 표현하는 것은 참으로 어리석은 일이다. 특히 그것이 당신의 묵은 감정 쓰레기라면 더욱 그렇다.
 어떤 말을 하거나 어떤 행동을 했을 때, 상대의 감정은 어떨지를 먼저 생각하라. 그것이 가능하다면 당신에게 함부로 대하는 사람들은 이상하리만큼 주변에서 사라져 갈 것이다. 이것이 작용반작용의 법칙이다.
 당신이 분노할 때는 당신 주변에 분노만을 불러들이고, 당신이 선하게 주변을 대할 때는 당신 주변에 선한 존재들만이 다가오게 된다. 감정의 쓰레기를 처리하는 것은 감정연습의 목적이 아니다. 당신의 깊은 내면에 그것을 가라앉게 한다면, 당신은 바다처럼 깊어져가는 인물이 될 것이다.

감정연습_2

 상상해보자. 당신은 지금 가족들과 맛있는 저녁을 먹고 있다. 그런데 갑자기 어머니가 걱정과 근심이 가득한 목소리로 "언제 장가 가냐?" "언제 취직하냐?" "공부는 열심히 하고 있냐?" "시집은 안가냐?" "시험은 잘 봤냐?"라고 말씀하신다. 그러면 당신은 갑자기 밥맛이 딱 떨어지고 불편해진다. 이내 어머니와 싸움이 되고 만다. 다투는 와중에 어리석은 어머니는 "밥은 먹어야지" 이렇게 말한다.

　이 어머니는 크게 실수하고 있다. 자신이 답답해서 자신의 속이 편하고자 자신 안에 있는 감정의 쓰레기를 자식들에게 혹은 남편에게 마구 던져버리는 것이다. 나중에는 남편이나 자식으로부터 멀어지게 되고 비밀이 많아지며, 결국은 몇 년 안에 버려지게 될 것이다. 말해 봐야 돌아오는 것은 똑같기 때문이다.

　이런 어머니나 아버지 밑에서 자란 자녀들은 나중에 부모가 되어 똑같은 행태를 보인다. 자식들이 왜 집에 들어오고 싶지 않는지, 자식들이 왜 고향에 인사하러 오지 않는지, 자식들이 왜 전화를 안 하는지, 배우자는 왜 집에 들어오고 싶지 않은지, 자식들은 부모와의 대화를 왜 거부하는지도 모른 채, 불화와 불편함으로 삶을 이어간다.

　당신이 어떤 이야기나 어떤 사실을 말하고 싶다면, 상대의 감정이 그 이야기로 인해 어떻게 변해갈 지를 고려해야 한다. 사람은 100% 감정의 인격체이다. 감정이 결국 모든 것을 결정하고 모든 것을 이룬다. 그래서 칭찬하고 기다려주는 부모 밑에서는 거대한 용의 기운을 가진 자녀들이 탄생하는 것이다. 밥상머리에선 서로를 칭찬하는 말만 하라. 그러면 당신 가정은 한 달 안에 화목해질 것이다.

거울상법칙 (Mirror-image law)

거울상법칙은 우주의 법칙 중 하나이다. 우주의 법칙을 설명하기 위해 현실에 간단히 적용했을 때, 바로 이해할 수 있는 것이 거울이라 거울상법칙이라 이름 붙였다.

거울상 법칙은 이렇다. 당신은 거울 앞에 서 있다. 그리고 거울은 당신의 지금 모습 그대로를 보여줄 것이다. 여기서부터 큰 착각이 시작된다. 거울을 보는 사람은 거울에 비친 자신이 웃고 행복해야 비로소 자신이 웃고 행복할 것이라는 커다란 착각을 한다. 정작 자신은 찡그리고 있으면서 거울 속 당신은 웃기를 바란다면 기다려 보라 1년 10년이 지나도 거울 속 당신은 찡그리고 있을 뿐이다. 그러면서 거울 속 당신에겐 계속 웃으라고 소리치는 것이다.

설명하자면, 거울에 비친 당신의 모습이 웃는 것은, 그것을 기다리는 게 아니라 그냥 당신이 웃어버리면 거울에 비친 모습도 웃게 된다. 그렇다. 하느님은 이 세상을 만들 때 거울상이론이 성립되게 만들었다. 당신의 지금 상태 그대로를 보여주는 것만이 당신의 현실이 된다. 당신이 행복하면 그 순간부터 우주는 당신에게 더 행복해질 수 있는 일들을 배달해주는 것이다. 또한 당신이 불행해하면 그 순간부터 우주는 당신에게 더 불행해질 수 있는 일들이 일어나게 만든다. 당신이 불행해하기 때문이다. 거울상법칙은 당신의 현재 마음 상태를 우주가 그대로 보여준다는 의미이다.

당신은 현실이 바뀌어야 비로소 행복할 수 있다고 생각한다.
'이것이 이루어져야 그때 행복할 거야.'
'저것만 되면 정말 행복할 거야.'
'이것만 되면 그때 행복할 거야.'
'5층 이상 되는 건물 하나 있으면 행복할 거야.'
'이번에 승진해야 해, 그래야 살 수 있어.'
'남편이 이번에 이사가 되어야 해, 그래야 행복할 수 있어.'
'우리 딸이 연세대에 합격해야 해, 무조건 그래야 해.'
'우리 아들이 의사가 되어야 해, 그래야 그때 한숨 돌리지.'
모든 것이 이런 식이다.

이것은 자신은 웃지 않으면서 거울에 비친 내가 웃어야만 비로소 내가 웃을 수 있다고 말하는 것이다. 완전히 순서가 바뀌었다. 이런 식으로 생각하는 사람이라면 당신은 절대로 행복할 수 없다.

설령 하나가 이루어진다 해도 당신은 또 온통 근심과 걱정의 얼굴로 거울만 바라보고 있을 테니까.

우주는 거울상법칙을 따라 반응한다. 당신이 지금 행복하지 않은데 어떻게 당신의 현실이 행복해질 수 있는가? 우주는 당신의 상태를 그대로 현실에 보여준다.

온통 짜증 뿐이면서 현실은 핑크 빛이기를 바라며, 그래야 그때 자신은 웃을 수 있다고 말하겠지만, 우주는 거울상법칙에 의해 당신에게 계속 짜증스런 현실만을 가져다 줄 뿐이다.

"원래 인간은 무언가 현실적으로 바뀌어야 비로소 행복한 거 아닌가요?"라며 잘난 체 하듯 묻는다면 당신은 헛똑똑이라 할 수 있다.

온 우주의 이치는, 먼저 웃는 자에게 더 웃을거리를 가져다주고 먼저 감사하는 자에게 더 감사할거리를 배달해준다. 당신은 웃지 않으면서 거울 속 당신이 웃기를 기다리지 말라. 그런 일은 일어나지 않는다. 당신이 그냥 웃으면 거울 속 당신도 바로 웃고 있을 것이다.

걱정이 그치지 않을 때

명상센터에서 흔히 끌어당김의 우주법칙에 대해 조금이나마 아는 명상가들은, 걱정이 계속되면 그것을 생각하지 말고 당신이 원하는 것에 집중하라고 말한다. 물론 나도 그렇다고 본다.

그러나 걱정이 그리 쉽게 사라지기나 할까? 계속해서 우리를 찾아오고, 우리의 이마에는 식은땀과 불안으로 어찌할 바를 모르게 된다. 또 원하는 것만 생각하라는 말을 기억하면서 그런 일이 안 일어나게 해달라고 기도한다.

만약 당신이 걱정하는 일이 안 일어나는 것이 당신의 원하는 것이라면, 당신은 정말 끌어당김법칙이나 기도의 법칙을 완전히 오해하고 있는 것이다.

우주의 법칙인 끌어당김법칙이나 거울상법칙에 의해서, 당신이 걱정하는 일이 일어나지 않도록 해달라고 기도하는 것은, 지금 일어나지 않기를 바라는 일을 당신의 현실로 더욱 끌어당기고 있을 뿐이다. 대부분의 사람들은 걱정스러운 일이 생기지 말라고 기도하는 것이 맞는 것 아니냐고 생각할 것이다. 그렇지 않은가?

걱정하는 일, 걱정되는 일, 안 일어났으면 하는 일 등등을 거부하는 것이 아니다. 그 모든 일들은 나에게 일어날 수 있다고 받아들일 때, 당신은 끌어당김법칙과 거울상법칙에 의해 그것들이 당신을 통과하고 사라져 버리게 만들 수 있다.

즉, 당신이 두려워하거나 걱정하는 일은 일어날 수 있다고 당연히 받아들인 후, 그저 당신이 정말로 원하는 평화로움과 안전함과 풍요로움에 대해서만 생각한다. 하지만 가난을 무시하고 거부하면서 풍요로움을 원하고 기도한다면 당신에게 풍요로움은 오지 않을 것이며, 가난과 궁핍만이 계속 찾아올 것이다.

당신은 가난할 수도 있고 실패할 수도 있다고 생각하며 당신이 원하는 풍요로움에 대한 갈망을 키워가야 한다. 그러면 당신의 어깨에서 자연스럽게 힘이 빠지고 이상하리만치 편해질 것이다. 거부하고 거절하면서 동시에 당신이 원하는 것을 말해 봐야 소용없다. 당신의 마음이 먼저 자유로워져야 한다. 어떤 현실도 당신에게 일어날 수 있다는 것을 먼저 받아들여야 한다.

경제에 대한 자세

자본주의 체제에서 물가가 계속 오르는 진짜 이유는 통화량이 많아지기 때문이다. 통화량이 많아진다는 것은 정부에서 종이 돈을 계속 찍어낸다는 뜻이다. 자본주의의 원칙은 원래 허물어질 수밖에 없는 것이므로 그것을 유지하기 위해서는 종이 돈을 계속 찍어서 사회에 유통시켜야 한다.

자본주의 체제 안에서 살아가는 우리들은 우리의 물질적인 삶을 지배하는 이 자본주의를 제대로 이해해야 한다. 그래야 우리들의 삶을 풍요와 평화로 이룰 수 있다.

세상이 이렇다 저렇다 욕하기 전에 우리는 세상을 흐림 없는 눈으로 보고 이해해야 한다. 자신의 생각대로만 세상을 바라보니 욕할 일들만 무성하다. 세상의 흐름을 이해해서 세상을 이용한다면 우리의 삶은 180° 달라질 수 있다. 그러려면 다음과 같은 지혜가 필요하다.

첫째, 돈은 아껴서 될 일이 아니라는 것을 알아야 한다. 이 세상은 돈을 아낀다고 풍요로워지거나 여유로워지지 않는다. 그렇다고 막 쓰라는 뜻은 아니다. 즉, 쓸데없이 나가는 돈을 막으라는 의미이다.

가령, 수입은 300만 원인데 대출이자가 50만 원이라면, 당신은 수입 중 100만 원을 대출이자와 원금을 갚는 데 계속 할애해야 한다. 대출이자 50만 원만 갚고 250만 원을 그냥 제 돈처럼 마구 사용한다면 원금을 갚아야 할 시기에 참담해질 것이다. 절대로 원금 갚는 돈을 아까워해서는 안 된다. 당신이 경제활동을 할 때, 대출을 받는 것은 합당하다. 하지만 경제활동을 접은 시점에서 사업을 한다느니, 장사를 한다는 명목으로 집을 담보 잡았다가는 곤란한 일에 봉착하게 된다.

둘째, 돈은 더 많이 들어오게 해야 한다. 아껴 써야 한다는 생각보다는 더 많이 들어오게 하는 선택이 더욱 효과적이며 성과도 크다. 여기서 조심해야 할 부분은 당신이 직접 해야 한다는 것이다. 대부분 '어디 투자하면 좋다' '여기 펀드에 넣은 사람들은 다 이득을 봤다' '비트코인 투자회사가 있는데 여기 투자하면 고배당이다' 이 모든 것은 결국 당신의 귀한 돈을 허공 속으로 사라지게 만드는 일이다. 주식을 한다면, 당신이 직접 주식을 차분히 배우고 익히는 시간을 가져 직접 투자하고 관리해야 한다. 대부분 모 주식회사 누구에게 맡겼다는 식인데, 5년 지나 보면 그 돈 다 사라져 있다.

비트코인도 마찬가지다. 귀찮더라도 직접 비트코인을 사는 방법과 보는 방법과 매매하는 방법을 익혀서 직접 거래해야 한다. 이 또한 누구에게 맡겼다는 식은 공중분해가 90%이다. 일단 우리는 이 두 가지를 먼저 숙지하는 것부터 세상을 풀어가야 한다.

셋째, 당신이 일정 양 이상의 현금을 보유했다면, 무조건 30%만 남기고 70%는 현물로 바꿔 두어야 한다. 현물은 부동산이나 금이나 은으로 모두 바꾼다. 현물은 물가상승과 동일하게 오르지만, 현금은 계속 평가절하 되는 이치를 이해해야 한다. 경제력이 없더라도 매달 금 1돈씩 사서 계속 저축하자. 그러면 은퇴한 이후 그것은 아주 큰 힘이 될 것이다.

우리는 경제생활을 할 수밖에 없다. 아울러 세상은 왜 이런가 욕하고 분노할 필요도 없다. 1,000년 전에 우리 선조들도 경제활동을 하였으며 지금의 우리도 마찬가지다. 인간이 살아가는 한 경제활동은 피할 수 없는 것이다.

글쓰기의 힘

글을 쓴다고 해서 스트레스가 풀리는 것이 아니다. 다만, 글을 써 내려가다 보면 어느 순간 문제가 해결되는 일이 있을 수 있다. 만약 당신이 답답하고 힘들 때가 온다면 당신에게 글을 써보라고 권하고 싶다. 그저 자신과 똑같은 처지와 상황에 놓인 사람에게 조언을 해본다고 생각하면서 글을 써보자. 기가 막히게도 당신 내면의 자아가 글을 통해 당신에게 문제의 해결점을 알려 줄 것이다.

인생이 막막할 때 당신과 똑같은 처지에 놓인 사람에게 글을 쓴다고 생각하면서 조언의 글을 써보자. 당신을 치유하는 글쓰기는 그렇게 이루어진다. 그리고 당신은 곧 알게 될 것이다. 그렇게 글을 쓰는 시간에 당신의 영혼과 자아가 힐링(healing)되고 있음을…. 당신은 어느 순간 스스로 해법을 발견할 것이다.

끌어당김법칙(Law of attraction)의 패러독스

끌어당김법칙은 우주의 법칙이고 지구에 사는 한 절대적으로 작동하는 법칙이다. 당신이 싫어하든, 믿지 않든 관계없이 작동하고 있으며 우리 삶의 모든 것은 이 끌어당김법칙에 의해 조율되고 진행되며, 결과까지 정확하게 주관한다.

끌어당김법칙을 이해할 때 가장 느낌이 빨리 오는 문구가 성경에 기재되어 있다.

"비와 눈이 하늘에서 내려와 거기로 되돌아가지 아니하고 땅을 적셔서 땅이 열매를 맺게 하고 싹을 내게 하는 것같이, 내 입에서 나아가는 내 말도 그러하여 그것이 헛되이 내게로 되돌아오지 아니하고 그것이 내가 기뻐하는 것을 이루며, 내가 그 말을 보내어 이루게 하려는 일에서 형통하리라"   [이사야 55장 10~11절]

이 성경 구절을 자세히 보면, 내가 하는 말이 그것을 이루게 한다는 표현이 정확히 되어 있다. 말은 곧 내가 원하는 것을 표현하는 수단이며 곧 기도이다.

끌어당김법칙은 당신 삶의 모든 문제를 주관한다. 성실誠實이라는 단어로 살펴보자. 말씀언言, 이룰성成, 열매실實로 구성된 단어인데, 전체를 풀어보면 말한 것이 성공하여 결실을 맺는다는 뜻이다. 그래서 원래 '성실하라'고 하는 것이 아니라, '성실하다'라고 표현해야 한다.

우리가 아는 '천지현황天地玄黃'으로 시작하는 천자문은 우주의 진리를 표현한 것이다. 끌어당김법칙은 결국 '당신이 말하는 대로 우주가 모두 이루어준다.'는 것이다. 이 법칙은 절대적으로 맞으며, 당신은 이것을 믿든 믿지 않든 이 법칙 안에서 움직이게 되어 있다.

한 가지 더 살펴보고, 본론으로 들어가자.

"무엇이든지 기도하고 구하는 것은 받은 줄로 믿으라. 그리하면 너희에게 그대로 되리라"   [마가복음 11장 24절]

역사적인 인물인 예수님이 하신 말씀이다. 자, 이쯤 되면 신이 인간에게 가르쳐 주고 싶었던 이 법칙에 대해서 깊이 있게 생각해 보아야 한다.

가끔 상담하시는 분들 중에 "시크릿 대로 했는데 저는 안 되던데요?"라는 분이 있다. 그렇다. "당신이 지금 안 된다고 말하지 않았는가!" 그게 대답이다.

"그럼 끌어당김법칙대로만 하면 수천 억 원 자산가도 되고, 원하는 대학도 가며, 삶에서 내가 원하는 모든 것을 다 가질 수 있을까요?" 물론 그렇다. 신의 법칙인 이 끌어당김법칙은 철저하게 당신이 말하는 그대로를 당신 삶에 배달하도록 되어 있다. 여기서 패러독스가 발생한다.

예를 들어 멋진 집을 원하는 사람이 있는데, 그는 이렇게 말한다. "나는 2층짜리 잔디 있는 멋진 집을 사서 그곳에서 살고 싶어." 그럼 끌어당김법칙이 그대로 되게 당신의 삶에 작동하기 시작한다. 당신이 그 집을 살 수 있는 경제력을 만들어주기 시작하며, 당신의 통장잔고를 높이기 시작한다. 당신에게 더 많은 돈을 벌 수 있는 기회를 가져다주며, 그것을 통하여 당신이 그

집을 살 수 있도록 당신의 삶에 변화와 변형을 이루어내기 시작한다.

이 부분은 절대적이다. 하지만 대부분의 사람들은 그것이 이루어지는 시간의 비밀을 이해하려 하지 않는다. 마치 영화에서처럼 내일 혹은 몇 달 안에 당신의 삶에 그 집이 들어 와 있어야 한다고 생각한다. 그리고는 이내 이렇게 생각한다. "뭐야, 몇 날 몇 달을 기도해도 안 되잖아. 이게 뭐야." 그러면서 스스로 설정한 그 변화의 흐름을 차단시키고 다시 원위치로 돌아가 버린다.

끌어당김법칙을 이해하려면 당신은 정확하게 역할 분담(distribution)이 되어야 한다. 신은 당신이 입으로 말하는 모든 것을 그대로 현실에 이루어지게 하신다. 이것은 우주의 법칙이다. 그리고 그것은 신의 역할이다.

당신의 역할은 자신이 말한 것이 현실로 이루어지거나 이루어지는 과정을, 당신의 삶이 변화되어 가는 과정을 즐기면서 기다리는 것이다.

우리가 사는 3차원의 현실세계는 시간이라는 마법이 존재한다. 물이 끓어오르는 데도 일정 양의 시간이 필요하듯, 당신이 말한 것이 현실로 이루어지는 데도 시간이 필요하다. 그 시간의 양은 당신의 소원과 당신의 현실의 갭 차이가 얼마나 벌어져 있냐에 따라 결정된다.

"무엇이든지 기도하고 구하는 것은 받은 줄로 믿으라. 그리하면 너희에게 그대로 되리라"

당신이 입으로 말한 것이 그대로 되었을 때의 느낌과 그 기쁨에만 집중해야 한다는 것으로, 그것이 당신의 역할이다. 그리고 그것을 일정한 시간을 들여서 당신이 말한 그 소원의 현실에 가 있게 하는 것은 신의 역할이다.

당신이 안 될 거라고 말하는 것은, 바로 신의 역할을 침범하는 것이며, 그것은 진정한 신성 모독이다. 사람들은 신처럼 생각하는 버릇이 있다. 그래서 바로 판단하는 것이다. 판단은 당신의 역할이 아니며 해서는 안 되는 것이다.

신이 우리를 이 세상에 보냈을 때, 우리는 끝없는 확장과 수많은 체험을 하면서 기쁨과 설렘의 상태로 이 세상을 살아가길 원했다. 즉, 인간 존재의 목적은 기쁨과 자유와 확장을 느끼며 체험하는 것이었다. 이 존재의 목적을 이루게 하기 위해서 신은 끌어당김법칙을 이 우주의 근본 법칙으로 만들었다.

한 청년이 있다. 다니는 회사의 C.E.O가 되는 것이 목적이었다. 이 친구는 이렇게 말했다.

"저는 이 회사의 최고 경영자가 되고 싶습니다. 그것이 이 회사에서 저의 목표입니다."

청년은 이 말을 수시로 계속해야 한다. 그럼 이것을 이루는 신의 힘이 더 많이 생성되어서 이 사람의 삶에 관여하기 시작한다. 그리고 그 힘이 자신을 이끌어 줄 사람을 만나게 하며, 회사 안에서 서서히 승승장구 하도록 만든다. 이것이 신의 역할이다.

그리고 청년의 역할은 자신이 최고경영자가 되었을 때의 기쁨과 그때 느낄 만족감을 계속 상상하면서 지금 회사에서의 역할에 만족하며 기쁨과 설렘의 상태로 하루하루를 보내면 된다.

"과연 될까요?"라고 묻는다면, 말한대로만 하면 100% 이 청년은 그 회사의 최고경영자가 될 수 있다고 본다. 이것이 신의 법칙이며, 끌어당김법칙이라 부르는 우주법칙이 만들어가는 것이다.

오늘 당신은 "난 안될 거야?"라고 말하였는가? 그렇다면 안 될 것이다. 당신이 지금 신에게 안 된다고 말한 것이기 때문이다. 신은 당신이 하는 말 그대로를 당신의 현실이 되게 한다.

"난 분명 성공할 거야! 성공하고 싶어!"라고 말했는가. 그렇다면 당신은 분명 당신의 삶에서 성공의 기쁨과 그 만족을 곧 체험할 것이다. 신은 당신이 한 말 그대로를 배달해 준다.

신의 절대법칙인 끌어당김법칙을 제대로 이해하려면 여러분들은 먼저 역할분담이 있다는 것을 알아야 한다. 당신의 역할과 신의 역할이 분명 다르다는 것과, 3차원 세계는 시간의 마법이 존재하는 영역이라 반드시 현실과 소원의 성취에는 일정 양의 시간 차이가 있다는 것을 이해해야 한다.

당신은 항상 원하는 것만을 말하라. 그리고 지금 당신의 삶을 설렘과 기대로 가득 채우면서 지금을 살아가야 한다. 당신은 당신의 모든 소원이 이루어져 있는 것을 곧 발견하게 될 것이며, 이것은 절대적인 진리이다.

나무의 지혜

봄 여름 가을 겨울을 튼튼하게 보내는 나무를 보라. 우리의 키보다 10배 이상 크며 웅장하게 하늘을 향해 있다. 우리는 나무를 통해서 세상을 살아가는 이치를 배워야 한다.

나무는 뿌리를 자신의 가지만큼 크게 아래로 튼튼하게 뻗어서 아무리 심한 가뭄에도 견뎌내며, 아무리 심한 바람도 이겨낸다. 우리의 인생도 나무처럼 뿌리를 내려야만 건강해지고 튼튼해진다. 당신이 지금 행복하고 만족스럽다면 그것은 지금 당신에게 봄날이 허락된 것일 뿐이다. 그 봄날은 인생의 비밀에 의해서 곧 끝이 날 것이며 이윽고 겨울은 찾아온다.

당신에게 허락된 봄날에는, 땅을 파고 가을과 겨울을 준비하라는 뜻이므로 마냥 아무 생각 없이 인생의 봄날을 꽃놀이만 해서는 안 된다. 그럼 봄날에 일만 하라는 뜻인가? 꽃구경도 하고 인생도 즐겨야 하지 않는가? 이렇게 생각한다면, 맞다! 그렇게 해야 한다. 하지만 당신의 가을과 겨울을 대비하면서 그렇게 해야 한다.

당신이라는 나무는 봄날 땅이 부드러울 때 뿌리를 내릴 수 있는 한 깊이 내려야 한다. 그래야 당신이 인생의 가을을 맞이했을 때 많은 열매를 수확할 수 있으며, 인생의 겨울을 아무 문제없이 따듯하고 풍요롭게 보낼 수 있다.

그동안 만나본 소위 성공했다는 분들은, 여름은 시원하고 겨울은 따뜻하다고 했다. 여름에는 에어컨을 빵빵 틀어서 오히려 가을 옷을 입고 있으며, 겨울에는 난방을 빵빵하게 하니 반바지를 입고 살아간다는 뜻이다.

한 여성분은, "선생님인 남편은 벌이가 든든하지만, 애들 둘이 이제 다 중학생이에요. 그래서 제가 공인중개사 시험을 봐서 돈을 좀 벌기 시작해야 할 거 같은데 어떨가요?"라고 물어왔다.

나는 참으로 지혜롭다고 했다. 사주를 보니 그 해年는 큰 칼을 쥐고 거대한 재물자리로 성장할 수 있는 기회를 열어준 해인지라 무조건 하라고 했다. 그런데 아주 재미난 일이 10년을 걸쳐 일어났다. 그분은 나중에 원룸 건물까지 건설하는 건설사를 차리게 된 것이다. 이후 남편이 명예퇴직하고 그 회사에서 같이 일을 하고 있었다. 아이들은 어떻게 되었을까? 큰 애는 말레이

시아로 유학을 갔고, 둘째는 중국으로 유학을 갔다.

그 여성분은 참으로 인생의 봄날을 귀하게 사용한 것이다. 당신은 지금 인생의 봄날을 맞이하고 있는가? 아니면 벌써 겨울을 보내고 있는가? 우리 모두는 나무의 지혜를 배울 필요가 있다.

남의 시선은 신경 쓰지 말라

인간은 혼자살 수 없기 때문에 더불어 사는 인생이라고 표현한다. 하지만 인간을 자세히 관찰해보면, 결국은 혼자이다. 그렇지 않던가?

당신이 타인을 위해 거룩한 희생을 한 인물이며, 칭찬받아 마땅하다 해도 결국 당신은 혼자다. 희생을 해서 당신이 행복하고 기쁘다면 그것으로 바른 일이며, 그에 따른 결과도 좋다.

하지만 어쩔 수 없이 해야 한다는 식의 희생과 책임감에 떠밀려 하는 모든 일들은 하늘도 당신에게 기쁨이나 선한 결과를 줄 수 없다. 대부분의 사람들은 자신이 느끼고 생각하는 대로 살지 않고 남들이 자신을 어떻게 생각하는지를 신경 쓰면서 살아간다. 이런 어처구니 없는 상황으로 당신은 인생의 90% 이상의 에너지를 소비하고 있다.

깊이 생각해 보자. 그렇게 살다가 죽는다면 당신의 의미는 무엇인가? 그래도 가족이 남고 친구가 남는다? 과연 그럴까? 남겨진 자식들도 남들에게 손가락질 받지 않으려고 적당히 제사를 지내고, 적당히 성묘할 것이다. 그리고 다음 세대가 되면 당신이 묻힌 선산이나 땅은 결국 팔릴 것이고, 당신의 남겨진 뼈들은 또 화장되어 납골당에 들어간다. 이것이 당신이 생각한 그래도 잘 살았다는 삶인가? 도대체 당신을 누가 기억할까? 누군가 기억해주다면 또 좋을까? 당신은 이미 죽고 없는데…

어떻게 살아야 하느냐고 묻는다면, 나는 당신의 기쁨만을 바라보라고 말해 줄 것이다. 이기적으로 들릴지 모르지만, 당신이 만약 이 말을 그렇게 듣는다면 당신은 지금까지 남들 눈을 신경 쓰며 살아왔다는 반증이다.

나를 위해 사는 삶, 나의 기쁨이 나의 삶의 원인이 되는 삶을 살 때, 당신은 빛나고 생기가 넘치며, 그 혜택을 당신 주변 모든 사람들이 누리게 된다. 그렇다고 일부러 그들을 위해 사는 것은 아니다. 자신의 삶을 위해서 살면 된다.

자신의 눈으로 자신의 기준으로 누구의 판단도 중요하지 않으며 오로지 당신 삶의 판단은 스스로의 가치 기준으로 한다. 남들이 당신을 어떻게 생각하는지는 신경 쓰지 않는다. 모두 거짓이며 빈껍데기일 뿐이다. 나만의 기쁨, 모든 선택과 모든 행동의 기초는 나의 기쁨이 되어야 하며, 그렇게 할 때 모든 과정은 선해지고 그 결과는 행복으로 귀착된다. 결국 당신의 기쁨이 모든 것의 기초가 된다.

피해보고 있다고 생각될 때

사귀는 여자 친구의 부탁으로 바쁜 스케줄을 조절해서 뭔가를 하게 될 때, 또 그것이 자신이 늘 하던 일이 아닌 생소한 어떤 일이라면, 대부분의 남자들은 분노를 일으키며 여자 친구에 대해서도 분노를 주체하지 못하는 경우가 있다. 나아가 자신에게까지 분노하기도 한다.

분노의 감정은 당신에게 잇달아 분노할만한 일들을 일으키게 되고 당신이 싫어하는 일들을 유발하기 때문에 절대적으로 피해야 하는 감정상태다. 이때는 이렇게 생각하자. 앞으로 그런 부탁은 들어주지 않는다. 그러면 여자 친구가 서운해 하겠지만, 그것은 여자 친구의 감정 상태이지, 당신의 상태는 아니다.

당신이 그렇게는 못하겠다면, 당신은 여자 친구를 위해 한 일에 대한 정당한 보상을 받도록 한다. 그것이 10만 원이든 5만 원이든… 만약 그런 얘기조차 꺼내지도 못하고 있는 당신에게 그에 합당한 보상도 하지 않는 여자 친구라면 만나지 않는 것이 올바른 선택이다.

이것은 비단 남녀 사이의 문제만이 아니다. 당신이 하고 싶지 않은 것을 정이나 의리나 자존심에 이끌려 억지로 하는 행동은 하지 않도록 한다. 모든 인간관계에서 피해를 보게 되는 모든 경우의 시작은 바로 당신에게 있다. 그래도 당신이 정말 해주고 싶은 것이 있다면 그것은 하면 된다. 그것이 덕이 되어 보상받지 않는다 하더라도 당신은 행복할 것이니까.

하지만 당신이 하고 싶지 않은 일을, 그것이 아무리 있을 수 있는 일이라 하더라도 해야 한다면, 그것은 관계를 깨뜨리는 불씨가 되어 그 관계에 악영향을 준다. 오늘 당신이 하고 싶지 않은 일을 부탁받았다면, 여자 친구가 어떻게 느끼든, 상대가 어떻게 느끼든 관계없이 "할 수 없다."고 말해야 한다.

사람 사이의 관계는 그에 합당한 보상 없이 희생만 강요하는 관계는 이미 그릇된 관계이며 오래가지 못한다. 결국 당신의 인생에 어떠한 도움도 되지 않는다.

내가 피해보고 있다고 생각되는 관계는 그냥 정리한다. 이미 그릇된 관계이며 깨어진 그릇일 뿐이다. 당신의 노력과 헌신에 대해서 보상이라도 확실히 받도록 한다. 보상도 안 해주면서 당연히 사랑하는 사이니까 해줘야 하는 거 아니냐고 말하는 사람들은 멀리 하는 것이 좋다.

모든 인간관계에서 그 관계가 나에게 귀한 것인지, 쓰레기인지를 금방 알 수 있는 방법이 있다. '내가 피해보고 있구나.'라고 느낀다면 이미 그 관계는 당신에게 귀한 것이 아니며 당신은 노예와 같은 처지일 뿐이다. 벗어나고 정리해서 당신 스스로 일어나야 한다.

다름에 대하여(About difference)

우리는 뭔가 통일되거나 일관성이 있는 것을 보면 착하다고 생각한다. 착하다는 것은 예측 가능하고 반응이 같을 거라는 안심에서 나온 생각이다. 그래서 그런 반응을 보이는 사람들을 착하다고 한다. 반면 기대할 수 없고 예측할 수 없으며, 긴장상태에 있어야 하는 것을 보면 나쁘다고 표현한다. 자신이 늘 긴장해야 하고 예측할 수 없으니, 그런 사람이나 상황을 나쁘다고 판단한다.

문화에 의한 단어의 오류로서 '착하다'는 선한 느낌으로, '나쁘다'는 악한 느낌으로 귀착되어진다. 그러나 나쁘다는 것이 정말 사악한 것일까? 우리가 착하다는 것에 너무 길들여진 것은 아닐까? 나쁘면, 다르면 모두 잘못된 것으로 취급하는 사회 분위기에 우리가 세뇌당한 것은 아닐까? 투명성과 표백화를 너무 동일시 한 것이 아닐까? 모두가 흰색일 필요는 없다. 우주는 수많은 색들이 서로 조화를 이루면서 상생한다. 우리 사회의 표백화는 위험하다. 착함만을 강조하는 사회는 단일화되어 통제가 용이한 듯 보이지만 결국 그런 사회는 망한다. 다름을 인정하고, 나쁘다와 착하다의 기준이 서로 다르다는 것을 받아들여야 더 큰 세상으로 나아갈 수 있다.

이 사회가 기독교 하나로 통일되는 것은 참으로 위험하며, 불교로 통일되거나 이슬람화 되는 것은 더더욱 위험하다. 무엇보다 우리 사회가 독재자 아래 놓여 통합된다면 그것은 가장 위험한 일이라고 볼 수 있다.

우리는 모두 다르다. 한 부모 밑에 태어난 형제도 기질이 다르고 사고하는 습관도 다르다. 결국 '착하다'와 '나쁘다'의 기분은 어떤 시각에서 보는가의 차이일 뿐, 옳고 그름을 논하는 것은 무리가 있다. 단지 노랑은 빨강과 다른 것일 뿐 어느 한 쪽이 정답은 아니다.

모험에 대하여

인생을 안정하게 산다는 것은 착각으로 사건이 터지고, 천둥은 치고, 비는 내리고, 추운 겨울은 올 것이며, 매서운 눈보라도 불 것이다. 당신이 안정하고 안전하다고 느끼는 것은 바로 지금일 뿐이다. 그리고 그 안정과 안전도 극히 일부의 사람만 느낄 수 있다. 즉 인생이 안전하거나 안정되지 않으므로, 당신의 뿌리는 더욱 튼튼해져야 한다. 그리고 당신은 인생의 봄, 여름, 가을, 겨울을 모두 경험해야 한다. 당신의 인생이 언제까지 봄날일거라고 생각하는가? 당신의 봄날은 당신의 기대보다 더 빨리 끝이 난다. 그래서 당신의 인생을 보는 눈이 바뀌어야 한다.

당신은 모험가가 되어야 하고 도전해야 하고 안주해서는 안 된다. 당신은 한 발짝 더 길어져야 하고 한 발짝 더 넓어져야 한다. 그것이 모험이고 도전이다. 작은 것부터 시작하자! 거창하게 보이는 것, 웅대하게 보이는 것이 모험의 전부이며 도전의 정석은 아니다.

당신의 삶을 대하는 작은 태도의 변화가 모험이고 도전이다. 서핑을 배우는 것부터, 중국어를 배우는 것부터, 매달 10만원씩 저금하는 것부터, 여자 친구에게 칭찬하는 것부터, 남자 친구에게 잔소리하지 않는 것부터, 부인에게 수고한다고 칭찬하는 것부터, 남편의 말을 따르는 것부터, 아주 작은 것부터 바꿔 가자. 그러면 당신의 인생도 바뀔 것이다.

두려움에 길들여지다

우리는 어느 순간 미디어에 의해서 두려움을 교육 받는다. 오늘 우리가 보는 TV 뉴스나 신문이나 인터넷을 잠시 살펴본다면, 그 대부분이 우리가 두려워하고 무서워하며, 공권력에 복종하게끔 위로하고 있음을 알 수 있다.

왜냐하면 뉴스의 대부분이 '구속되었다, 실형을 선고받았다, 체포되었다' 등등이다. 그러면서 죄를 진 자는 당연히 벌을 받는다는 게 인식되는데, 이것은 철저히 인간의 논리이며, 복종의 논리라서 인간의 선천적인 본성과는 완전히 위배가 된다.

　친구들과 대화의 대부분이 "너 그렇게 살면 큰일 나!"가 대화의 대부분을 차지하게 되고 우리는 어느 순간 자유로움과 성장에 대한 갈망을 두려움과 제도의 안착으로 대신하고 있다. 법 제도는 최소한의 규율만이 존재해야 그 사회가 더욱 바람직하고 활발해진다.
　그러나 현재는 제도가 나날이 인간의 행동을 관리감독 하는 쪽으로 바뀌어 가고 있으며, 이에 따른 처벌 규정이 많아지면서 그것은 인간의 강한 원래 기운을 죽게 하고 약한 기운만 더욱 살아나게 하는 아이러니가 형성되고 있다.

　우리는 현재 두려움에 길들여지고 있다. 하루에 1시간이라도 TV를 끄고 인터넷을 끄고 차분히 명상을 하거나 당신이 좋아하는 책을 읽어보자. 그래서 인간의 순한 기운이 살아날 수 있게 하여, 당신이 단순히 육체가 아니라 그것을 넘어선 더 큰 존재라는 것을 인식해야 한다. 그것에서부터 우리의 자유가 시작된다.

세상은 두렵고 힘들며 당신의 뜻과는 다르게 흐를 때가 있다

　세상이 힘들게 느껴질 때는, 당신을 힘들게 하려는 목적은 아니다. 세상은 두렵고 힘들며 당신의 뜻과는 다르게 흐를 때가 있다. 그때는 당신을 깨워서 당신의 심성과 정신을 더욱 튼튼하게 하려는 이치이기도 하다. 당신에게 아무 일도 일어나지 않는 것이 평화라고 생각한다면, 당신은 지금 평화와 기쁨에 있는 것이 아니라 나약해지고 있는 중이다. 이 우주에 존재하는 딱 하나의 죄가 바로 나약함이다.

　사람들은 자신의 인생이 힘들다고 한다. 뜻대로 풀리지도 않고 믿었던 사람과, 영원할 것 같았던 사랑으로부터 배신당하고 돈 때문에 매일 허덕인다고 한다.

　원래 인간이라는 존재는 하느님의 표현이기 때문에 절대의 풍요와 완전한 자유가 처음부터 보장되어 있다. 이것이 당신의 삶에 펼쳐지지 못하는 것은, 이 영혼의 선물은 나약한 심성과 정신상태를 가진 사람을 통해서는 발현되지 못하기 때문이다.

　세상을 이겨내야 한다. 당신 안에는 하느님의 '절대의 힘'과 '권위'와 '풍요'와 '자유'가 당신을 통해 해방되어 세상에서 마음껏 활보하고 싶어 한다. 그러려면 당신은 나약함을 모두 버려야 한다. 세상이 당신을 힘들게 하는가? 그것은 당신의 심성과 정신을 더욱 강건하게 만들어서 세상과 당당하게 맞서 싸워야 한다는 것을 의미한다. 싸우겠다고 두 손을 꽉 쥐는 순간 당신은 이미 세상을 이긴 것이다.

당신이 정말로 원하는 것

예전에 독실한 기독교인 친구가 있었다. 이 친구와 많이 친해서 고등학교 내내 붙어 다녔다. 어느 날 한번은 신앙에 관한 이야기와 기도에 관한 이야기를 하게 되었다. 그때 친구는 "기도는 타인을 위한 선을 위한 기도를 드려야 하느님이 들어주지, 이기적인 기도는 절대 들어주지 않는다."고 했다. 그래서 나는 친구에게 "그럼 너는 '학교에서 1등 하게 해 달라' '이거 가지게 해 달라' '저거 가지게 해 달라'는 식의 기도는 드리지 않냐?"고 물었다. 그랬더니 그런 기도는 이기적인 기도이기 때문에 하느님이 들어주시지 않는다고 했다. 나는 배를 잡고 한참 웃다가 이 친구와의 관계를 그만두었다.

여러분도 그렇게 생각하는가? 이 친구는 '기도란 이런 것'이라고 스스로 정의해서 선언해 버렸기 때문에 자신이 이기적이라고 생각하는 모든 것들은 그 선언의 법칙에 의해 철저하게 이루어지지 않게 된다. 하지만 이 부분에서 강조할 것은, 그 이면에 숨겨진 거대한 두려움에 관한 것이다.

　이 친구가 학교에서 1등 하게 해달라고, 1등이 되고 싶다고 기도하지 않았던 진짜 이유를 알고 있다. 그것은 본인이 기도했음에도 불구하고 이루어지지 않는다면 어쩌나 하는 엄청난 두려움 때문이었다. '기도하면 모두 이루어진다고 했는데, 그렇게 믿었는데, 안 이루어지면 어쩌지?' 하는 두려움 말이다. 1,000명의 기독교인들 중 99%는 이런 생각을 하고 있으며, 단 1%만이 절대적인 믿음으로 원하는 바를 이룬다.

　당신은 순수하게 뭔가를 믿는가? 당신의 믿음대로 이루어지리란 성경의 논리는 정확하다. '이것이 될까?' 하는 순간 당신은 그것이 이루어지 않도록 만드는 하느님의 힘을 작동시키고 있으며, '이것은 된다.'고 말하거나 생각하며 바랄 때, 당신은 그것이 이루어지는 하느님의 힘을 해방시킨 것이다.

*이하 하느님 힘의 단위를 이룰성成자를 써서 성이라 지칭한다.

먼저 해야 할 것에 집중하는 힘

　점심을 먹고 나서 그 음식이 소화되는 데도 4시간 정도는 걸린다. 그 간단한 점심도 4시간이라는 시간을 우리 몸에게 주어야 몸은 순서에 따라 소화시킨다.

그런데 우리 몸에게 계속 빨리빨리 소화하라고 재촉하면 몸은 소화 과정을 진행하다가 그만 어느 과정에서 막혀 버려, 급체나 식체食滯가 발생한다. 이 간단해 보이는 상황의 진리가 우리의 삶에도 그대로 적용된다.

우리는 누구나 떨고 두려워하며 가슴 졸이며 살아 갈 때가 생길 수 있다. 그럴 때 우리 몸은 음식을 소화시키는 데 시간이 필요하다. 우리의 영혼과 마음이 두려움을 감당해내고 충분히 처리할 수 있을 만큼 강해지도록 영혼과 마음에도 시간을 주어야 한다. 그래서 어느 순간 두려움과 근심이 자연스럽게 사라지도록 만들어야 한다. 우리의 영혼과 마음은 우리가 경험하는 일들에 대해 각각을 처리하고 소화하는 데도 시간이 필요하다. 영혼과 마음을 다그치고 몰아부친다고 해서 평화를 빨리 얻을 수 있는 것도 아니다.

어떤 일이 일어났을 때 그 일 때문에 화내거나 두려워하거나 분노하기보다는 먼저 그 일을 당신의 영혼과 마음에게 맡겨보라. 그리고 차분히 어떻게 소화되어가고 정리되는지를 느껴보라. 당신은 더욱 강해져 있을 것이며 더욱 깊어져 있을 것이다. 우리의 영혼과 마음이 하는 일이 바로 그것이니까.

언제나 당신의 영혼과 마음에게 시간을 줘야 한다. 조급하게 빨리 결론을 내리지 말고, 성급하게 행동해서 일을 처리하지 않는다. 당신이 조급해 하거나 불안 때문에 행동하는 모든 것은 영혼과 마음의 소화과정을 방해할 뿐이다. 항상 평화롭고 자유로우며 감사하는 상태를 유지해야 한다.

당신의 영혼과 마음이 당신 삶에서 일어나는 모든 일들을 모두 소화시켜 당신에게 평화와 기쁨과 감사를 주기로 되어 있기 때문이다. 당신의 영혼과 마음이 주는 평화와 기쁨과 감사를 누리기 위해서는 먼저 조용히 있는 연습을 한다. 그러기 위해서는 지금 당신이 해야 할 일에 집중하는 것이 최상이다.

오늘 지금 여기를 살아가라. 미래의 어느 지점에 신경 쓰지 말고 지금 여기 조용히 당신이 해야 할 것에 먼저 집중하라. 우리가 할 일은 그것뿐이다. 나머지는 우리의 영혼과 마음이 알아서 상황을 정리한다. 여러분의 영혼과 마음이 보이지 않는 영역에서 수많은 기적 같은 일을 할 수 있게 영혼과 마음에게 시간을 주라. 이것은 당신이 상황을 정리하는 것이 아니라 영혼과 마음이 하는 것이다. 우리가 할 일은 지금 여기에 집중하는 것이다.

지금을 살다

지금 여기에 집중해야 한다. 우리가 불행한 것은 우리의 시선이 늘 미래의 어떤 지점에 혹은 과거의 어떤 지점에 항상 집중하기 때문이다. 우리의 마음이 과거나 미래에 있다면 우리는 절대로 불행할 수밖에 없다.

지금 우리가 어디에 있건 지금 우리가 무엇을 하건, 그 마음이 지금 여기에 있다면 우리는 행복과 풍요를 느낄 것이다. 마음이, 집중이, 생각이 지금 여기에 있다면 우리는 힘들지 않을 것이며, 당신이 하는 모든 일이 하나의 명상이 된다.

만약 기독교에서 주장하는 휴거가 일어난다면, 예수님을 믿는 자들이 휴거되는 것이 아니라 지금 여기에 집중하는 사람들이 휴거되는 것이다. 즉, 지금에 집중하는 사람들의 마음은 미래나 과거에 가 있지 않기 때문에 승천할 수 있는 것이다.

지금 여기를 살아야 한다. 당신의 마음이 미래의 재물이나 성공에 있거나 과거의 실수나 과오에만 있다면 귀한 선물을 계속 놓치고 사는 것이다. 그 결과 당신은 삶도 놓치게 된다. 당신이 소속된 그곳에서 자신의 삶을 살아가길 바란다.

미래를 사는 자와 과거에 얽메어 있는 자는 하느님이 변화시켜줄 수 없다. 왜냐하면 지금 여기를 사는 자만이 감사할 수 있기 때문이다. 미래에 일어나지도 않은 일에 두려움으로 지금을 놓치지 말고 살아가길 바란다.

존재상태의 비밀법칙

"그대의 존재상태가 그대를 부양한다."

무슨 말이냐면, 당신이 만약 뭔가에 "감사합니다."라고 할 때, 당신의 존재상태는 감사하고 있는 상태가 된다. 당신의 존재상태가 당신의 현실을 계속 감사할 일들로 채우는 것이다. 만일 당신이 화를 내고 있다면 당신의 존재상태는 지금 화를 내고 있는 상태이기 때문에 이 법칙에 의해 당신에게는 화낼 일이 계속 찾아온다.

'존재상태가 현실을 만든다.'

'그대의 존재상태가 그대를 부양(support)한다.'

모두 같은 법칙을 설명하는 말이다. 오늘 여러분의 존재상태는 어떠한가? 당신의 현실을 바꾸려하는 것보다 지금 당신의 존재상태를 바꾸는 것이 더욱 효과적인 이유이다. 이것이 명상의 비밀이기도 하다.

태극에 대하여

양陽은 활동적이거나 남성적인 요소이며, 음陰은 수동적이거나 여성적인 요소이다. 이는 태극太極에 대한 일반적인 개념이다. 태극은 음과 양의 조합이며 음과 양은 서로가 서로를 필요로 한다. 따라서 음과 양이 서로 조화로울 때 태극의 조화가 생긴다. 이는 우리 삶의 전반에 적용되는 비밀이기도 하다.

모든 상황을 이 음과 양의 태극으로 본다면 그 상황들이 쉽게 이해될 수 있다.

당신이 직장인이고 당신의 상사가 너무 극성맞은 성격이라고 하자. 당신은 이 상사 때문에 하루하루 살아가는 것이 너무 힘들고 답답하다. 어찌해도 당신은 상사에게 욕만 듣다가 이내 이직을 결심한다. 이직 후, 아주 편하게 대해 주는 상사를 만나 직장생활도 편하고, 이직을 잘했다고 생각한다. 하지만 당신은 이때 태극의 이치를 놓친 것이다.

당신에게 못된 행동을 하는 직장상사가 생긴 것이나 혹은 사이좋던 직장상사와 어느 날 너무 흉한 사이가 되었다거나 하는 것은, 당신이 태극의 이치에 의해 위로 상승하는 변화의 시간이 되었다는 뜻이다. 즉, 당신 안에 더 크게 성장할 무언가가 이제 준비되었다는 뜻으로, 그런 사람들을 다루는 법을 익혀 당신 안의 음과 양이 조화를 이루어서 당신을 더 큰 사람으로 만들려는 하늘의 이치이다.

태극은 우주를 다루는 힘으로 성장하는 도구 같은 것이다. 태극의 이치에 의해 하늘은 모든 사람에게 그 변화의 시점에 맞게 음과 양의 역할을 하는 자들을 계속 보내준다.

당신에게 혹독한 상사가 있거나, 자주 싸우는 배우자가 있거나, 지랄 맞은 동기나 자식 때문에 힘들다면, 지금 당신은 태극의 이치에 따라 성장하고 발전할 요소가 있는 시기이다. 즉 더 큰 사람이 될 수 있다는 반증이다. 하늘은 크게 쓸 사람들을 태극의 이치로 고생시키고 성장시켜 나간다. 그 사람 안에 더 큰 음과 양이 조화를 이루어 무한한 가능성이 성장하게 하려는 뜻이다.

당신의 오늘이 아주 편하고 아무런 사건 사고도 없으며, 아무도 당신에게 뭐라고 하는 사람이 없다면, 그건 하늘이 당신을 버렸다는 뜻이다. 그걸 행복으로 착각하고 살아간다면… 그것은 자유 의지이다.

天將降大任於斯人也　천장강대임어사인야

하늘이 장차 이 사람에게 큰 임무를 내리려 할 때는

必先勞其心志　필선노기심지

반드시 먼저 그 심지를 지치게 하고

苦其筋骨　노기근골

뼈마디가 꺾이는 고통을 당하게 하며

餓其體膚　아기체부

그 몸을 굶주리게 하고

窮乏其身行　궁핍기신행

그 생활은 궁핍에 빠뜨리고

拂亂其所爲 불란기소위

하는 일마다 어지럽게 하느니라.

是故動心忍性 시고동심인성

이는 그의 마음을 두들겨서 참을성을 길러주어

增益其所不能 증익기소불능

더 성장하게 하여 지금까지 할 수 없었던 일도 능히 할 수 있게 하기 위함이니라.

맹자의 고자장구孟子 告子章句편에서

'제대로 산다!'와 '열심히 산다!'

우리는 "열심히 해볼게요." "열심히 하면 되겠죠?"라고 자주 말한다. 하지만 열심히 사는 사람들은 단지 열심히 사는 것뿐이다. 우리는 제대로 살아야 한다. 제대로 산다는 것은 목표점을 정확히 정해두고 그 목표점 하나만을 바라보면서 거기에 이르기 위해 수많은 상황들을 해결해가는 삶을 말한다.

열심히 살아서 이득이 되는 것은 당신 삶에 없다. 왜냐하면 열심히 산다는 것은 마치 러닝머신 위에서 달리고 있는 것과 동일하기 때문이다.

제대로 산다면 간혹 숲을 만나고 외길을 걸을 수도 있고, 진흙탕에 발이 빠질 수도 있지만, 결국은 산꼭대기까지 가는 올라가는 삶을 말한다.

우리는 간혹 가게를 오픈하면서 열심히 하겠다고 말한다. 그저 열심히 한다고 말한다. 그렇게 하면 그 가게는 3년 안에 망할 것이다. 제대로 가게를 운영해야 한다. 제대로 운영한다는 것은, 가게를 3년간 운영하여 5억 원을 벌고, 그 다음에 가게를 팔지 말지 그리고 이 터를 살지 말지를 결정하는 것으로, 3년간 5억을 벌기 위해 내가 지금 무얼 해야 하는지 끝없이 생각하고 방법을 찾아내려고 노력하는 것이다.

여러분은 오늘 어떤 모습으로 살고 있는가? 거지도 열심히는 산다. 자기 자리를 빼앗기지 않으려고… 따라서 열심히만 살지 말고 제대로 살아야 한다.

상념의 힘

우리는 보통 생각하며 산다. 그리고 이 생각 자체는 바로 하느님의 힘을 해방하는 하나의 출구가 된다. 당신이 무엇인가를 계속 생각하고 그 무언가에 계속 주의가 가 있다는 것은 바로 그것이 자신의 현실로 일어나게 하고 있다는 뜻이며, 그것을 허락하고 있다는 뜻이다.

계속 1등이 되기를 바라고 1등이 된 기쁨만을 추구하는 자는 지금 자신의 현실에 그 일이 일어나도록 하느님의 힘을 해방하고 있는 것이다. 말하는 것과 생각하는 것은 모두 똑같이 하느님의 힘을 해방하는 출구이다.

당신은 지금 무언가를 두려워하고 있는가? 그 일을 너무 신경 쓰고 있다면 지금 그 일이 일어나도록 하느님의 힘을 사용하고 있는 것이다.

상념의 힘은 너무나 강대하고 말의 힘도 너무 강대하다. 이 두 가지에 강대한 힘이 있는 이유는 그 자체에 힘이 있는 것이 아니라, 그 방법을 통해서 하느님의 절대의 힘을 해방시킨 것이기 때문이다. 그리고 이 힘을 얼마나 지속적으로 해방시켰느냐에 따라 당신의 인생이 결정난다. 이것은 진실이다.

　원하는 것만 바라고 기대하라. 그 감정에 늘 물들고 그것이 이루어질 때의 쾌감만을 누리며 기다리자. 당신에게 기적이 임할 것이며 그것은 분명한 진리를 바탕으로 한 현실이 된다.

생각은 살아있다

　사람들은 내게 말한다. 하느님의 힘이 작동하고 있다는 것을 어떻게 알 수 있느냐고. 당신은 어떻게 생각하는가? 눈에 보이지도 않고 만져지지도 않는 하느님이 힘이 어떻게 그 사람에게 혹은 당신에게 작용하는지 알 수 있겠는가? 바로 생각이 해답이다. 사람들은 생각한다. 대통령은 정말 특출한 사람이 되고 재벌도 특출한 사람들이 된다고... 하지만 그렇지 않다. 대통령이 되는 사람들은 자신들이 대통령이 될 수 있다고 생각한 사람들이다. 재벌이 되는 사람들도 자신들이 재벌이 될 수 있다고 생각한 사람들이다.

　어느 날 당신에게 '나도 재벌이 되고 싶다. 나도 사업으로 큰돈을 벌고 싶다.'는 생각이 머리속에 들어왔다면, 그것은 당신이 그렇게 될 수 있다는 하늘의 허락을 뜻한다. 당신에게 어떤 생각이 찾아왔다면 그것은 당신이 그렇게 될 수 있다는 뜻이다. 그런데 왜 재벌이 되지 못하는 걸까? 그것은 그런 생각이 찾아오자마자 당신은 그 생각을 죽여버리기 때문이다.

대부분이 이렇게 생각한다.

"나도 재벌이 되고 싶은데, 사업할 밑천이 없어서…"

"나도 재벌이 되고 싶은데 내 주제에 무슨…"

"나도 큰돈을 벌고 싶은데 학벌도 없고 인맥도 없고…"

당신은 생각죽이기를 너무 자주 한다. 그러는 쪽이 당신의 마음을 더 편하게 하기 때문이다. 실제로 재벌이 되는 분들은 끝없이 "나는 더 많은 돈을 벌고 싶다. 나는 재벌이 되고 싶다. 나도 C.E.O가 되고 싶다. 나는 성공하고 싶다"고 생각하는 분들이다.

"나는 재벌이 되고 싶다"고 당신이 순수한 열망으로 받아들이는 순간 이 생각이 실질적인 당신의 현실이 되어 인맥을 가져다주고, 사업할 수 있는 아이템을 가져다주어, 당신이 재벌이 되도록 매순간 당신에게 바른 선택을 하게 만들어준다.

대통령이 되는 사람들도 "나는 대통령이 되고 싶다" "나는 대통령 될 수 있다"고 끝까지 생각한 사람들이다.

생각은 살아 있다. 생각은 실제적인 일을 이루어지게 하는 에너지이다. 하느님의 모든 에너지는 바로 생각을 통해 해방되며 당신을 이끌어간다. 부처가 되는 존재는, 모든 생각을 부처가 되고 싶다는 것에 집중한 것이고, 그리스도가 되는 존재는, 그리스도가 되고 싶다는 생각에만 집중한 것이다. 절대로 반대되는 생각을 하지 않는다.

당신은 신이 될 수 있다.
당신은 무한한 존재이다.
당신은 하늘에 이를 수 있는 존재이다.
당신은 영원한 젊음을 유지할 수 있다.
당신은 서울대 갈 수 있다.
당신은 하버드대 갈 수 있다.
당신은 유명 외국대학에서 M.B.A를 할 수 있다.
당신은 재벌이 될 수 있다.
당신은 원하는 상대와 결혼할 수 있다.
당신은 최고의 배우자와 결혼할 수 있다.
당신은 영원한 존재이다.
당신은 완전한 매력이다.
당신은 완전한 자유이다.
당신은 원하는 직장을 얻을 수 있다.
당신은 거대 빌딩의 주인이 될 수 있다.
당신은 어떤 누구와도 좋은 시간을 가질 수 있다.

누군가 부정적인 이야기를 한다면

당신이 자신의 꿈을 말할 때 친구나 배우자, 그리고 부모가 그 꿈에 대해서 타박을 한다. 소위, 이건 이래서 저건 저래서 안 된다고 말한다. 그런 말을 하는 사람을 만나거든 거리를 두는 것이 좋다. 우리 주위에는 부정적인 말만 하는 사람들이 많다. 그런 사람들 주변에서는 부정적인 에너지만 계속 나온다.

당신은 당신의 꿈과 바람에 충분히 집중하고 있지 않다면, 그런 부정적인 사람들과는 대화하지 않는 것이 좋다. 왜냐하면 부정적으로 말하는 사람들에게서 나오는 생각의 힘이 그 주변 사람들을 죽이고 성공하는 사람들을 나락으로 떨어뜨리기 때문이다. 당신이 아직 한 가지 생각에 충분히 오랫동안 머물러 있지 않았다면 의도적으로라도 당신 주변의 부정적인 사람들을 멀리 하는 것이 좋다. 당신의 가능성을 현실이라는 말로 얼버무리는 사람들과는 함께 할 필요가 없다.

생각만으로 이런 일들이 가능하다고?

그렇다. 생각만으로 이 모든 것이 가능하다. 지금 당신이 이 진리를 받아들이지 못한다 해도, 그것은 진리이며 지금 숨 쉬고 있는 당신에게 일어나고 있는 일이다. 우리의 현실은 하나의 거대한 홀로그램(hologram) 같은 우주이다. 따라서 우리의 생각대로 구성되어지고 재편성 되어지며 끝없이 서로 영향을 주고받는 거대한 에너지장일 뿐이다. 당신이 일정한 생각을 계속한다면 그리고 그와 반대되는 생각을 하지 않는다면 당신의 그 생각은 상상을 초월하는 속도로 당신의 현실에서 이루어진다. 그 생각을 통해 하느님의 에너지가 작동하기 때문이다.

인류가 갖고 있는 가장 큰 고정관념은 중력의 법칙과 죽음에 대한 생각이다. 이 두 가지는 너무 견고해서 현실로 고착되어 있다. 하지만 고대의 숭고한 지혜를 지켜왔던 선조들은 돌을 공중에 띄우는 법을 알고 있었다. 그래서 피라미드는 그렇게 만들어진 것이다. 또한 그들은 영원히 죽지 않는 빛이 나는 몸을 만들었다. 그들의 기록은 역사 속에서 많이 발견된다.

중력은 하나의 관념이며 죽음도 하나의 관념으로, 현실로 나타나고 있을 뿐이다.

자! 어려운 이야기는 다음에 하기로 하고, 당신의 현실부터 하나하나 바꿔 가보자. 당신은 창조자이다. 하느님=창조력의 표현이며, 우리는 하느님이다. 하느님의 권능을, 당신의 삶을 당신이 원하는 대로 바꿔 가 보자.

기쁨과 설렘의 주파수에서 항상 당신의 기도와 선언을 한다. 그리고 그것이 이루어졌을 때를 생각하며 그 기쁨과 설렘에 항상 머문다. 나머지는 당신의 선언과 기도를 통해 해방된 하느님께서 다 이루어주신다. 그리고 진행되는 과정을 즐기다 보면, 어느 순간 당신의 소원들이 현실로 이루어지는 시간도 짧아질 것이다.

인생을 바꾸는 비밀

시간과 돈과 불편함이 있으면 인생을 완전히 바꿀 수 있다. 로스쿨을 가고 싶은가? 그렇다면 그에 맞는 돈과 시간을 투자해야 하며 불편함을 기꺼이 인내해야 한다. 장사로 크게 성공하고 싶은가? 그렇다면 그 장사를 성공시키기 위해 시간과 돈을 쏟아부어야 하며 불편함도 인내해야 한다. 기도로 기적을 이루고 싶은가? 그렇다면 그에 맞는 시간과 불편함을 참아내어야 한다.

인생을 바꾸는 법칙이 있다. 시간과 돈을 들이고 불편함을 견뎌낸다면 당신은 원하는 모든 것을 얻을 수 있다. 만사가 다 기운이며 에너지의 문제일 뿐이다. 뭔가를 이루고 싶다면 그만큼의 에너지를 쏟아부어야 한다.

사람들이 사용할 수 있는 에너지는 시간과 돈이 들어가야 하며 불편함을 동반한 노력이다. 이 세 가지가 적절한 비율로 섞여야 에너지는 가장 효과적으로 움직이고 당신이 원하는 모든 것을 이루어낸다.

당신의 소원과 바라는 상태는 더 빨리 당신 삶 속으로 찾아오고
당신의 삶을 변화시키고 있다.

#2_둘 우주의 작동법

우주의 작동법_1

이 우주에는 법칙들이 존재한다. 굳이 이름을 붙인다면 정확하게 22개가 존재한다. 그리고 그 법칙 위에서만 결실을 맺는다.

당신이 아무리 열심히 무언가를 이루기 위해 움직인다 해도 그 법칙에서 벗어나거나 일치하지 않는다면 당신은 결실을 맺지 못한다. 당신의 모든 소원을 이루어주고 당신이 원하는 모든 것을 당신의 삶에 들어오게 만드는 이 법칙은 기분이 좋아야 한다. 당신이 의사이든, 고위 공직자이든, 수천 억 원대 재산가이든지 관계없이 지금 당신의 기분이 나쁘다면 당신은 지금 무심코 당신의 풍요와 소원을 쓰레기통에 던지고 있는 것이다.

공시생이라면, 공시에 붙기 위해 열심히 공부하는 것이 당신에게 기분 좋은 일이라면 당신은 기적처럼 1년 안에 합격을 이루게 될 것이다. 남들 눈에 아무리 고생이라 해도 당신이 그것을 기분 좋게 느꼈던 모든 것들은 전부 당신에게 귀한 결실로 돌아갈 것이다. 그것은 우연히 그렇게 되는 것이 아니다. 바로 우주의 작동법이다.

하느님은 이 우주를 기분 좋게 만드셨다. 기분 좋게 만드신 세상에서 당신은 기분 좋게 살고 있는가? 당신의 기분이 좋을 때 하느님의 진동과 합치되어 하느님의 은혜가 당신에게 임하는 것이고 그래서 당신의 소원들이 빠르게 이뤄지는 것이다. 기분 좋게 모든 것을 즐기자. 당신 삶에 들어오는 모든 것을 있는 그대로 즐기고 기분 좋아하면 된다. 그때 오히려 당신의 소원과 바라는 상태는 더욱 빨리 당신 삶 속으로 찾아오고 당신의 삶을 변화시키고 있다.

우주의 작동법_2

"당신이 기분 좋아야 당신이 원하는 모든 것이 당신 삶에 들어 올 수 있다" 그렇다면 지금 기분이 엄청 나쁘고 화나는 일이 있다면 어떻게 해야 할까? 그때는 당신이 기분 좋을 수 있는 일들을 생각하며 그쪽으로 시선을 돌려야 한다. 화가 난 그것을 어떻게든 풀어 보려 하지 말고 당신의 기분이 좋아지는 쪽으로 집중해야 한다. 당신의 소망이 이루어졌을 때를 상상하고 그것을 기분 좋게 느껴야 한다.

당신의 기분은 그저 당신의 감정을 지칭하는 것이 아니다. 당신의 기분이 좋아야 하늘이 당신에게 주려하는 것이 당신 삶 속으로 들어오게 된다. 그것이 당신의 소망 실현이다.

사람 때문에 자주 짜증이 나고 미칠 정도로 화가 나는가? 그럼 그 관계는 이미 끝난 것이다. 그 사람과의 관계 때문에 당신에게는 더 기분나쁜 일들만 계속 일어나게 된다. 그런 관계를 억지로 개선하고 유지해간다는 것은 당신의 기분 감정에 어떠한 이득도 없음을 알아야 한다.

그리스도가 된다는 것(To be Christ)

불교적인 관점에서 본다면 성불成佛한다는 것이다. 성불은 육체를 지닌 채 불멸의 존재로 변화되는 것으로, 작금의 불교의 분위기가 스님이 돌아가시면 성불하였다고 하는 그런 차원과는 다르다.

우리가 가지고 있는 이 육체는 하느님의 에너지로 만들어진 것이다. 육체는 지금 그 사람의 존재상태를 정확하게 반영하도록 설계되어 있다. 비유하자면 우리의 육체는 애벌레와 같은 상태인데, 우리가 부처나 그리스도와 같은 상태로 성장한다면 우리의 육체는 나비로 비유할 수 있게 된다. 확연한 차이가 난다.

부처나 그리스도와 같은 상태의 우리는 예전의 몸의 진동수와는 완전히 다르기 때문에 절대 죽지 않고 늙지 않는다. 그리고 그때 우리는 하느님의 전지전능의 힘을 사용할 수 있게 된다. 이것이 예수님이 이루어낸 경지이며, 석가모니가 이루었던 경지이다.

우리는 단지 인간의 존재 상태로 살다가 육체가 늙고 쇠약해져 죽을 수 있지만, 실상은 우리도 예수님처럼 되어야 하는 것이다.

예수님은 우리에게 좋은 본보기가 될 수 있다. 성경에도 기록되었듯 예수님은 우리의 맏형이며, 큰오빠인 것이다. 우리가 되어야 하는 것, 그 존재 상태는 불멸의 삶을 살며 하느님의 모든 유산을 받은 위치에서 하느님이 표현되어야 한다. 단순히 90년, 100년을 살다가 사라지려고 태어나는 것이 아니다.

기도 祈禱

기도는 구걸하는 것이 아니다. 구걸하는 기도는 종교가 만든 페이크(fake)이다. 구걸하게 만들고 스스로 종으로 지위를 내려버리는 간교한 술책이다. 그래서 계속 종교에만 매달리게 만든다.

하느님은 인간들과 언약하셨을 때 "너희가 입에 담는 말 그대로 너희의 현실이 되게 하리라" 하셨다. 이것이 인간에 대한 하느님의 언약이며, 우리가 가지고 있는 어마무시한 창조력의 근간이다. 따라서 인간은 하느님의 표본이 되고, 표현이 되며 하느님의 증거가 된다. 이것이 기도의 명확한 첫 번째 인식이 되어야 한다. 그리고 기도는 정확한 명제로 표현되어야 한다. 반드시 '선언의 형태'나 '선호의 형태'로 표현되어야 한다.

"올해 5억 원을 벌었습니다. 감사합니다."

"올해 시험에 통과하면 참 좋겠습니다."

"마음이 평화롭기 바랍니다."

"세계적인 슈퍼스타가 되길 원합니다." 등등.

정확한 표현과 선언이 동반되는 형태가 되어야 당신의 기도는 이루어진다. 그때 하느님의 언약이 정확히 당신에게 이루어지는 것이다. 당당하게 선언하고 당당하게 당신의 의지를 표현하라. 당신의 입에는 당신이 정말 원하는 것만 담는다.

기도의 방법

당신이 정확하게 인지하고 있어야 하는 것은, 기도는 하느님의 힘을 움직이는 방법이며, 하느님의 힘은 외부는 물론 내부에도 있다는 점이다. 그 엄청난 힘을 움직이는 방법이 기도이다. 기도의 형태는 간단하다. 당신에게 안도감을 주는 어떤 형태라도 상관없다. 그리고 기도할 때는,

"저는 ○○○○ 원합니다."

"저는 ○○○○ 되었으면 좋겠습니다."

"○○○○ 이루어지게 해주십시오." 등등

어떤 형태로든 모두 가능하다. 그리고 하나의 기도를 할 때 그 기도의 내용을 68초 동안 계속 말하면 된다. 하나의 소망을 동일하게 68초 이상 계속 말하면 당신 안의 하느님은 그것을 정

확하게 당신이 원하는 것으로 인지하고 그 생각의 의도를 실제적인 현실로 바꿔준다.

이렇게 기도할 때 하나의 심법이 있는데, 정말로 당신이 원하는 것만 생각하고, 선언하고, 기도해야 한다는 점이다. 당신 삶에 기적은 너무나 간단한 하느님의 법칙에 의해 순식간에 일어난다.

깨어있음

"두 여자가 맷돌질을 하고 있으매 하나는 데려감을 당하고 하나는 버려둠을 당할 것이니라. 그러므로 깨어있으라. 어느 날에 너희 주가 임할는지 너희가 알지 못함이라"　　[마태복음 24장 41~42절]

신약성경의 이 구절을 보면 하늘로 데려감을 당하는 존재는 깨어있는 존재이다. 그럼 깨어있는 것은 무엇일까? 같이 밭을 매고 일하는 것은 똑 같았는데 왜 이런 차이가 생긴 것일까? 우리는 이 부분을 깊이 생각해야 한다. 보통의 기독교인들은 예수 그리스도를 신실히 믿으면 하늘로 데려감을 당한다고 믿는다.

그런데 잘 살펴보자. 기독교인들의 믿음의 근간은 성경이어야 한다. 이 구절은 예수그리스도가 하신 말씀인데, 자신을 믿어야 하늘로 데려감을 당한다고 하지 않으셨다.

예수님은 깨어 있어야 한다고 하셨다. 깨어 있다는 것은 마음이 미래의 어느 시점에 가 있지 않은 것으로, 즉 오늘 지금 여기에 그 마음이 있다는 뜻이다. 미래에 대한 걱정이나 과거의 후회에도 가 있지 않고 오늘 나의 이 자리, 오늘 이 시간에 감사하며 있는 마음의 상태가 깨어있다는 것이다.

만약 우리가 이 마음의 상태에 있다면 우리는 이 세상의 실상을 볼 것이다. 우리는 하느님의 기적과 역사하심을 보고 느끼게 된다. 깨어있다는 것은 오늘 지금 여기를 산다는 것이다. 미래에 속지 말고 과거에도 연연하지 말며, 단지 지금을 감사하면서 살아야 한다.

남자의 갈빗대로 여자를 만드시니

성경에 보면, 창세기에 아담의 갈빗대 하나로 이브를 만드셨다는 기록이 있다. 은유적인 표현이니 상징적이니 말이 많은데, 나는 다른 관점에서 이것을 풀어보고 싶다. 즉 '남성이 여성을 얻으려면 자신의 갈비대가 뽑혀야 한다.'는 이야기이다.

생살을 칼로 베어 갈빗대 하나를 뽑아내는 고통과 뽑힌 뒤의 아픔을 감수해야지만 남성은 여성을 얻을 수 있다. 그럼 그 고통은 어떻게 참을 수 있을까? 바로 여성이 주는 기쁨과 평온과 쾌락으로 잊혀진다. 마치 황금술잔의 술을 계속마시면서 갈빗대의 상처를 잊고 지내야 하는 이치와 유사하다.

남성이 여성을 얻는다는 의미는 해내야 하는 수많은 일들을 떠안는다는 것의 상징과 같다. 그것은 마치 갈빗대를 뽑아내는 아픔이 동반될 것이라는 것을 알려준다.

만약 갈비대가 뽑히는 고통을 감수할 수 없다면 당신은 여성을 통해 누릴 수 있는 기쁨도 가질 수 없다. 당신의 선택은 어떤가? 그런 각오가 되어 있지 않다면, 남자는 여성을 자신의 삶에 들여선 안 된다.

두려움에 대해서_1

두렵고 떨린다. 항상 긴장하게 되고 일어나지도 않은 일에 계속 신경을 쓴다면, 두려움에 길들여져 온 것이다. 우리들은 두려워하는 일이 일어나면 어쩌지 하면서 계속 두려워하고, 그로 인해 지금이라는 귀한 순간과 시간을 허비해버린다. 왜 그럴까?

바로 두려움에 길들여진 것이기 때문이다. 항상 두려운 일을 상정해서 그것에 집중하게 만들며, 결국 그 두려움을 우리의 현실에 찾아오게 만든다.

이는 간단히 해결할 수 있다. 즉, 반대로 생각하는 것이다. 우리들은 기대하고 일어났으면 하는 일에 집중하면 된다. 두려운 일에 신경 쓰는 것이 아니라, 이루어졌으면 하는 일에 더 신경을 쓰고 그 일이 이루어졌을 때의 기쁨과 감정을 늘 생각하고 기대하면 된다. 쉽지 않을 것이다. 우리는 두려움을 생각하도록 길들여져 있으니까. 그런 이유로 우리의 부모님들이 여러분에게 의사, 약사, 한의사, 검사, 판사, 변호사가 되라고 그렇게 말해 왔던 것이다. 먹고 사는 두려움과 빼앗기는 것, 강탈당하는 두려움으로부터의 해법은 그런 직업군을 갖는 것일 테니까.

간단하게 해결하자. 지금부터 우리는 우리가 원하는 것에만 집중한다. 그렇게 된다면 어떤 일이 일어나게 될지 흥분과 기대로 늘 들떠 있을 수 있다. 이는 두려움을 해결하는 방법이다. 두려움은 실체가 없다. 실체가 없는 것과 싸우는 것은 어리석은 짓이다.

두려움에 대해서_2

우리는 두려움을 느끼는 때가 정해져 있다. 자신이 원하는 대로 되지 않는 것에 대한 두려움과 재산이 사라질지도 모른다는 두려움이다. 그 두려움은 우리가 인간 존재로 있는 한 끝없이 따라다닐 것이다. 어찌할 수 없는 것이다.

나는 두려움을 이겨내라고 말하지 않는다. 두려움과 싸우라고 말하고 싶지도 않다. 가끔은 두려움 때문에 더 큰 존재로 성장할 수 있다는 것을 알기 때문이다.

여기서는 두려움을 이용하라고 말해 주고 싶다. 두려움을 이길 수는 없으며, 사라졌던 두려움은 또 다시 다른 얼굴을 통해 우리를 찾아온다. 따라서 두려움을 이용하라. 그 두려움을 해소시키기 위한 방법을 찾아내고 문제점을 해결하기 위해 지혜를 구하라. 일어날 수 있는 것에 대해 미리 수많은 방비책을 만들어둔다. 두려워만 말고 두려움을 이용해서 우리가 깨어 있을 수 있다면 오히려 그 두려움은 우리에게 이득이 된다.

우리가 인간존재(humanbeing)로 살아가는 한, 이 수많은 두려움-실패, 낙방, 패가망신, 구설수, 배신, 사기, 겁탈, 소송, 징수, 감옥살이, 비명횡사 등등 수많은 두려움- 속에서 살 수밖에 없다. 우리는 이 두려움들을 이용하여 두려움이 찾아올 수 없는 위치와 존재로 성장해가면 된다. 영어에 대한 두려움이 계속 있다면 영어공부를 하면 그만이듯 두려움을 피하려고 하지 말라. 두려움을 피하는 것은 이미 두려움에 먹힌 것이다.

두려움의 소화시간

큰일을 경험했거나 억울한 일을 당한 분들, 커다란 공권력에 의해 반강제적인 위협이나 경제적 위협을 당하였거나, 폭력적인 사람들에 의해 위협을 받은 분들은 그 두려움이 쉽게 사라지지 않는다. 우리 속담에 '자라 보고 놀란 가슴 솥뚜껑 보고 놀란다.'는 말이 있다. 두렵고 근심되어 억울함에 분노하는 사람에게 '괜찮다, 잊어버려라' 해도 소용없는 일이다. 이는 모든 것이 소화되고 배설되는 데는 나름의 시간이 필요하기 때문이다.

만약 당신이 스스로 자신의 두려워 떠는 모습을 본다 해도 너무 스스로를 다그치거나 바보 같다고 생각하지 말아야 한다. 당신의 존재가 당신의 삶에 일어나는 일들을 소화시켜 낼 때까지 당신에게 시간을 줘야 한다.

밥을 먹어도 소화시키는 데 4시간이 걸린다. 너무 당신 스스로를 용기 내라고 몰아세울 필요 없다. 삶의 모든 일을 사람이 가진 스스로의 본성에 의해 소화되고 영혼의 영양분으로 바꾸어가는 법이다. 당신은 지금 멋있게 삶을 살아가고 있다. 당신이 살아 있다는 그것이 바로 대답이기 때문이다.

용기는 두려움이 없는 상태가 아니다.

용기는 두려움을 이기는 상태도 아니다.

용기는 두려움을 바라보는 존재 상태다.

두려움은 나쁜 것이 아니다. 빛이 있으면 어둠이 존재하듯 두려움은 두려움대로 당신의 영혼을 위해 하는 역할이 있다. 빛과 어둠이 공존하면서 지구가 살아 숨 쉬듯 우리도 용기와 두려움이 공존해야 건강해진다.

로마서 8장 29절

"하나님이 미리 아신 자들로 또한 그 아들의 형상을 본받게 하기 위하여 미리 정하셨으니 이는 그로 많은 형제 중에서 맏아들이 되게 하려 하심이니라"   [로마서 8장 29~30절]

대한민국의 많은 기독교인들은 예수님과 성령의 기름 부음을 받은 12제자의 말씀을 공부하지 않고, 단지 자신들이 소속된 교회에서 목사가 설교하는 내용을 경청한다. 그리고 예수님이 모세의 십계명을 파하시고 새계명을 하나 주셨는데, 아직도 십계명 타령을 하며 단순히 예수를 믿으면 천국에 간다는 잘못된 믿음 안에서 살아간다.

예수님은 자신이 속죄의 제물로 쓰임을 받은 후 인류에게 새계명 하나를 주셨는데 그것은 "내가 너희를 사랑함과 같이 너희도 서로 사랑하라"이다. 그리고 예수님은 4대 복음서에서 "내가 행하는 것을 너희도 행할 수 있으며 더 큰일도 행할 수 있다."고 하셨다. 당신은 죄인이 아니다. 당신은 하느님의 아들이며 딸이다. 그 중에서도 하느님은 예수님을 보내어 맏아들을 삼아 우리들이 본래의 모습을 찾게 하려고 했던 것이다.

예수님은 우리의 큰형님이고 큰오빠이다. 우리는 한번도 하느님과 떨어져 있었던 적이 없다. 사도 바울은 "너희가 하느님의 성전임을 모르는가? 하느님의 영이 이미 처음부터 너희에게 계셨으니 너희는 거룩하신 하느님이 계신 몸이라"고 했다. 이미 우리 안에 하느님의 모든 권능과 힘이 있었다. 그리고 예수님께서는 이 힘을 해방시키는 방법을 기도라는 방법으로 알려주셨다.

"구하라 받을 것이요, 찾으라 얻을 것이요, 문을 두드리라 열릴 것이다. 누구든지 구하면 받을 것이요, 찾으면 얻을 것이요, 두드리면 열릴 것이다. 너희 가운데 자녀가 떡을 달라는데 돌을 주겠느냐 또 생선을 달라는데 뱀을 줄 사람이 있겠느냐? 악한 부모일지라도 자기 자녀에게 좋은 것을 주려고 애쓰는데, 하물며 전능하신 너희 아버지께서 구하는 사람에게 더욱 좋은 것을 주시지 않겠느냐?"

[마태복음 7장 7~11절]

마가복음 11장 24절

"그러므로 내가 전하노니 무엇이든지 기도하고 구하는 것은 받은 줄로 믿으라, 그리하면 너희에게 그대로 되리라.

Therefore I tell you, whatever you ask in prayer, believe that you have received it, and it will be yours."

기도하고 구하는 것은 누구나 한다. 그런데 왜 기도했는데 그대로 이루어지지 않느냐고 끝없이 질문하게 된다.

여기서 우리는 "받은 줄로 믿으라. believe that you have

received it"라는 위대한 설명을 정확하게 이해해야 한다. "받은 줄로 믿어야 그대로 되리라"고 하셨기 때문이다. 서로 다른 언어가 번역에 번역을 하면서 참뜻에 오류가 생기는 것이다.

받은 줄로 믿어야 그대로 된다면 어떻게 하는 것이 받은 줄로 믿은 것일까? 그것은 생각보다 간단하다. 기도하고 구한 것이 나에게 이루어져 있는 상태를 상상하며 기뻐해야 하는 것이다. 이것이 '받은 줄로 믿으라'의 정확한 존재 상태이다. 이렇게 되어야 당신이 원하는 것을 당신의 삶에 나타나게 할 수 있다.

오늘 당신이 다니던 회사에서 임원任員이 되고 싶은가? 그러면 그렇게 되게 해달라고 기도하고 그것이 이루어진 상황을 상상하면서 기뻐하고 감사해야 한다. 그리고 기뻐하고 감사하는 마음 자리에 계속 머무른다. 당신의 기도는 약속한 바를 진행시키며 당신의 현실은 당신이 임원이 되도록 만드는 모든 인맥과 선한 기회들을 당신에게로 인도하여 시간이 지나면서 더욱 확정적으로 당신의 삶에 보이게 되는 것이다. 그리고 합당한 시간이 지난 후 당신은 임원이 되어 있는 당신의 모습을 보게 될 것이다. 당신은 아주 오래전 당신이 했던 기도를 기억하지 못할 수도, 기억하고 있을 수도 있으나 기도는 그 약속을 지킨다.

기도하면서 구하면서 그것이 이루어지지 않으면 어쩌지 하고 걱정할 필요는 없다. 당신이 해야 할 일은 그것이 이루어졌을 때, 얼마나 기쁘고 행복할지를 생각하면서 기뻐하고 감사하는 것이다. 이것이 바로 당신의 몫이며, 그 다음은 하늘이 모두 이루어주신다.

말에는 척신이 붙어 있다

말은 사람을 살리는 말만 하는 것이 좋다. 험하고 죽이는 기운만을 붙여서 말을 하는 사람들은 그 말이 곧 그 자신에게로 돌아와 스스로를 해친다. 당신은 오늘 어떤 말을 하면서 시간을 보냈는가? 자녀들에게 답답한 심정을 담아서 그들을 죽이는 말만 하지 않았는가? 사람이 하는 말은 곧 그 사람이 되는 이치이다. 남을 살리는 말, 기운을 북돋는 말, 칭찬하는 말만 하는 사람에게는 그 말에 복이 붙어 다시 사람에게 돌아와 수많은 행운을 가져다준다.

항상 타인에게 친절하고 기분 좋은 말을 건네야 한다. 욕쟁이 할머니들의 식당이 잘되는 이치는, 욕을 하더라도 욕 안에 행복을 붙이면 그것이 덕이 되기 때문이다. 척신이 여러분이 되게 하는 것은 바로 여러분 자신이다. 항상 예쁘고 친절한 말만 하도록 하자.

> ※ 척신隻神
> 원한을 갖거나 혹은 원한이 맺힌 기운으로 마음의 한이 깊은 원한의 힘을 가진 기운을 말한다.

바다의 이치

어느 날 미오의 귀부인이 늦은 밤 큰 대사를 찾아왔다. 귀부인은 대사에게 자신의 운명이 앞으로 어떻게 될 것인지, 왜 그런지에 대해서 물어왔다. 이유는 너무나 간단했다. 바로 이 귀부인의 남편이 계속 첩을 들이는 이유 때문이었다. 그 첩들은 어쩌면 그렇게 박색인지 미모의 부인은 그것 또한 자존심이 상했다. 그리고 이 모든 원인은 무엇 때문이며, 누구의 잘못인지를 물었다.

그때 대사는 이르기를, "모두 부인의 잘못입니다. 부인은 바다의 이치를 놓치고 있습니다. 바다에는 오징어도 살고, 문어도 살며, 거북이나 큰 생선도 살며, 상어도 살며 고래도 삽니다. 바다는 이 모든 생명이 마음껏 놀고 숨 쉴 수 있게 해주면서 이들에게 어떤 것도 요구하지 않습니다. 그러나 어느 순간 오징어는 바다가 없으면 하루도 못살아 가는 자신을 발견합니다. 고래도 그렇고 큰 생선도 그렇습니다. 당신은 바다의 이치를 따라야 합니다. 바다의 이치는 간단합니다. 무조건 박수치고 칭찬하고 응원하고 편들어주는 것입니다."

보통 대부분의 사람들은 내게 상담 올 때, 바다의 이치를 따르면 해결되는 일들이 많다. 당신의 자녀에게 당신의 배우자에게 당신의 직원들에게 당신의 상사에게 이 바다의 이치로 응대해 보자. 6개월을 그렇게 해보자. 당신의 바다는 갑자기 풍요로워지며 더욱 살아있게 되고 생동감이 넘치게 된다.

당신이 바다의 이치를 놓칠 때 당신의 바다는 나날이 줄어들어 종국에는 호수처럼 메말라 갈 뿐이다. 바다의 이치를 따르자. 단언하건대 당신의 삶에 기적 같은 일들이 일어나기 시작할 것이다.

방언하는 영이 쓰인 여성

늦은 저녁시간에 나이가 좀 드시고 삶에 찌든 표정의 여성분으로 30대를 넘긴 것 같은 여성분, 두 분은 모녀지간이었다. 나를 찾아온 이유는, 딸이 기독교에 심취했는데 방언기도를 집에서도 계속해서 살 수가 없다는 것이었다. 사주를 풀어 확인해보니 딸은 '사주병四住病'이라는 특이한 경우가 성립되었다.

보통사람들은 현실세계를 인지하는 감각과 영적인 세계를 인지하는 감각이 9:1의 비율로 나타난다. 꿈이 잘 맞는다거나 느낌이 잘 맞는다는 분들은 8:2의 비율이다.

> ※ 방언方言
>
> 예수님이 그리스도의 몸을 이루신 후 하늘에 올라가실 때 보혜사(保惠師, paraclete 성령)를 보내주신다 하셨으며, 그 보혜사가 모든 것을 가르칠 것이라 하셨다. 다락방에서 기도를 하던 성도들에게 이 보혜사가 불같이 임하였고, 이때 큰 길로 나와 예수를 따르던 성도들이 각 나라의 말로 예수님을 증명하기 시작하니 그곳에 모인 사람들이 기이하게 여겼다. 예수님의 보혜사가 일으킨 것은 각 나라의 말 즉 유대인 입장에서 다른 이방인의 말을 하게 한 것이다.

하지만 사주병을 가진 분들은 이 5:5나 6:4의 비율로 구성되어 있다. 그러니 영적 세계를 느끼는 감각이 너무 커서 그 비율이 현실세계를 인지하는 감각 이상이라 이분들 눈에는 귀신이나 영적인 존재들이 그냥 계속 보이는 것이다. 이 모녀분들에게 사주병의 진짜 이유와 왜 이것을 가지고 태어난 것인지에 대해 설명하고 치료법에 대해서도 알려드렸다. 방언의 개념은 기독교에서 나온 것이 맞다.

그냥 '샬라샬라' '랄라라라랄' 하는 것이 방언이 아니다. 그것은 잘못된 영의 장난이다. 사도 바울은 이 보혜사의 은혜로 12개의 이방 언어를 하였다. 12민족들을 찾아다니면서 예수님을 증언했던 것이다. 이것은 보혜사가 준 것은 전지전능의 힘이다. 만약 주변에 의미없는 언어로 '샬라샬라' 식의 방언을 하는 성직자가 있다면 멀리하라. 예수님은 중언부언 기도치 말라 하셨다.

백년을 근심하는구나!

우리는 내일 죽어도 이상한 것 없는 삶을 살아간다. 우리는 신으로부터 백년 살기로 약속받고 태어난 적이 없다. 내일 교통사고로 혹은 불의의 인재로, 천재지변으로 죽을 수 있는 삶을 살아가는 것이다. 그런데도 우리는 매일 매일 근심이고 걱정한다. 마치 천년을 살아갈 사람처럼...

한 상담자는 매일매일 두렵고 긴장되고 힘이 든다고 하였다. 사는 것이 지옥 같고 지금 자신이 이룬 생활도 위태위태하다며 걱정했다. 오늘날 대한민국을 살아가는 모든 분들이 다 그러하다. 그 분만 그런 것이 아니다. 단지 경중이 있을 뿐이다.

고등학생은 고등학생의 근심과 고민이 있어서 대학시험전날 전쟁이라도 일어났으면 하고, 대학생은 대학생 나름의 취업에 대한 고민과 근심이 가득하다. 또한 40대는 40대가 느끼는 고민과 근심이 있으며, 50대도 마찬가지이다. 우리는 근원도 알 수 없는 깊은 두려움과 사라지지 않는 근심에 빠져 산다.

　내일 죽으면 그만이다. 그렇게 본다면, 우리가 해왔던 모든 고민과 근심들이 얼마나 쓸데없는 것인지를 느낄 수 있다. 그러니 쫄지 말자. 여러분이 당면한 문제에 어떤 것도 신경 쓰지 말라. 일어날 일은 그냥 일어나게 두면 그만이다. 거대한 우주에 여러분의 삶을 모두 던지고 "자, 당신이 태어나게 하였으니 당신 뜻대로 하시고 당신 뜻대로 되소서."라며 모두 맡기자. 인생을 크게 사는 자에게 인생은 한낱 놀이가 될 뿐이다.

병적인 나태함에 대해

　'내가 열심히 살면 모두 잘 되겠지.' 이것이 병적인 나태함이다. 단지 열심히 일하면 뭐든 될 것이라는 생각이다.
　억지로 참아가면서 하다보면 좋은날이 오겠지.
　주어진 대로 살면 언젠가는 잘되겠지.
　예수그리스도만 믿으면 아들이 서울대 가겠지.
　부처님 믿고 연등 달면 소원성취 하겠지.
　우리나라는 항상 안전하겠지.
　묵묵히 기다리면 되겠지.

끝없이 도전하면 언젠가는 되겠지.

회사가 월급을 주니 오늘도 술 마시고 놀아도 되겠지.

내 남편은 남편으로서 나에게 어떠한 책임도 다 하겠지.

내 아내가 아내로서 나에게 어떠한 책임도 다 하겠지.

내가 학생들에게 적당히 해도 별 탈 없겠지.

이런 모든 생각들이 병적인 나태함이다. 자각하고 깨어 있어야 한다. 당신의 삶이 언제나 지금처럼 유지될 거라는 생각을 버리고 할 수 있을 때 상승하고 할 수 있을 때 확정해야 한다.

분노_1

우리는 너무 쉽게 분노한다. 그리고 그것은 한국인만의 특징은 아니다. 전에 경매 때문에 공덕오거리 쪽 법원을 갔던 적이 있다. 초행길이라 공영주차장을 못찾아서 법원 뒤쪽 한 빌라 앞 주차 공터에 차를 세우고 입찰하러 갔었다. 주차공간이 5대를 댈 수 있는 곳이라는 걸 확인하고 와서 전화는 오지 않겠구나 생각했다. 그런데 15분 뒤 전화가 계속 오기 시작하더니, 차를 빼라고 했다. 사유지 침범으로 견인차를 부르고 5분 안에 안오면 경찰을 부르겠다고 난리였다-분명 길가여서 국유지일텐데.

입찰도 못하고 돌아가서 보니, 5대나 주차할 수 있는 공간이 남아 있었다. 그런데도 자신이 항상 주차하는 곳이니 빼라는 말이었다. 이곳은 길가이며 국유지인데 왜 그러냐고 하니 무조건 빼라고 소리를 질렀다. 속으로 '이 여자가 미쳤구나!' 생각했다.

그냥 이 빌라 방문자라고 할 걸 후회하며, 차를 빼서 5분 더 돌고 공영주차장을 간신히 찾았다. 이번에는 또 외제차라며 못 들어가게 했다. 하는 수 없이 배 째라는 식으로 도로가에 세워놓고 입찰하러 들어갔다. 다행히 원하는 물건은 낙찰 받았지만 주차딱지도 받았다. 비싼 주차비라 생각하며 되돌아오면서 공덕오거리 주민에 대한 욕을 엄청 했었다.

그때 "죄송합니다."를 100번은 했던 것 같다. 입찰 서류만 제출하면 되니 5분만 기다려 달라는 말에, 욕에 욕을 계속 하셨으니, 정말로 5분도 못 기다리는 민족이 되었구나 싶었다. 그리고 그 분노가 나에게 전이되어서 나도 분노하게 되었으니, 한번 생긴 분노는 3일 동안 기분 나쁜 일들을 계속 만들었다. 아차, 싶었다. 분노를 내려놓고 바람에 씻기어가도록 그대로 두었다. 분노의 감정을 따라가지 않고 기분 좋은 일들을 기대하고 집중하는 쪽으로 마음을 바꿨다.

분노는 위험하다. 한번 분노에 휩싸이면 그 에너지 때문에 당신의 삶에 화가 일어나고 짜증나는 일들을 계속 불러들인다. 분노는 감정의 에너지라서 그것이 분출되면 그에 관련된 일들이 계속 끌려와 당신의 삶으로 찾아오게 만든다.

분노에 휩싸이면, 그때는 기분 좋게 만드는 연습을 바로 해야 한다. 분노가 일고 화가 나는데 어떻게 기분 좋을 수 있느냐고 하겠지만, 그래도 기분 좋은 것들을 희망하면서 기대하는 것들에 집중하는 연습을 해야 한다. 즉, 분노를 해결하는 것이 아니라 분노를 흘러가게 만드는 것이다. 분노하거나 화가 일면 그냥 그것이 흘러가게 둔다. 일부러 해결하지 않는다.

분노_2

우리는 우리의 주변 인물들 －어쩔 수 없이 만나야 하는 사람들과 어쩔 수 없이 마주해야 하는 상황들에 분노한다. 이해하고 사랑하고 용서할 수 있는 데도 쉽게 분노한다. 왜 그럴까? 단지 자존심이 상해서일까?

우리가 쉽게 분노하는 이유는 자신의 것을 빼앗길 것 같기 때문이다. 한정되어 있는 것마저 빼앗길까봐 우리는 분노한다. 그것이 자신의 휴식시간이든, 조용히 지내고 싶은 자투리 시간이든, 통장 잔고의 금액이든, 우리는 그것마저 빼앗길까봐 분노하는 것이다. 분노 에너지가 계속 당신에게서 도출되어 나올수록 끌어당김법칙 때문에 더 분노할 일만 생기고 계속 상황이 꼬여가는 일들이 만들어진다.

분노를 해결하려는 자세는 어쩌면 적극적이고 긍정적으로 보일 수도 있다. 그러나 절대 그렇지 않다. 소위 정신과 전문의들은 트라우마를 극복해야 한다며, 분노를 직접 마주하고 해결점을 찾아야 한다고 말한다. 하지만 이는 우주의 법칙을 전혀 이해하지 못하는 단순한 처방이다.

　당신은 살면서 분노할 일에 계속 노출된다. 사람 때문이든, 상황 때문이든, 삶을 살아간다는 것은 화나고 분노할 일을 자주 마주한다는 것이다. 비가 올 때가 있고 눈이 올 때가 있듯이 비와 눈을 신경 쓸 것이 아니라 그것들이 지나가도록 내버려둔다. 비 맞았다고 짜증만 내고 계속 분노에 잡혀 있다면, 당신은 계속 분노할 일을 당신의 삶으로 불러들이는 것이다.

　분노는 에너지 상태이기 때문에 그것을 조절할 수는 없다. 당신이 분노를 조절하기 위해 노력할수록 분노에 더 쉽게 휩싸인다. 그렇다면 어떻게 하면 좋을까? 생각보다 간단하다.
　분노가 일 때는 그 상황과 해결책을 찾기 위해 노력하지 않는다. 그저 당신이 하고 싶은 것에 생각을 집중한다. 가령 로또 1등에 당첨되어 기뻐하는 당신의 모습을 상상하는 것이다. 부정적인 생각은 하지 않는다.
　당신의 자녀가 원하는 대학에 합격하는 모습, 당신이 부장으로 승진해서 한 턱 쏘는 모습, 당신이 다니는 회사에 대표이사가 된 모습 등을 상상하면서 기분을 바꿔 본다. 어느새 당신의 분노는 사라져 있고, 당신의 심신은 굉장히 가뿐한 상태로 있게 된다. 그때 당신이 원하는 모든 것이 당신을 찾아올 수 있다.

신神이 된다는 것

우리는 신이 되기 위해 태어났다. 그것은 당신이 받아들이든 받아들이지 않든 사실이다. 기독교식으로 말하면 우리는 그리스도(christ)가 되기 위해 이번 생을 부여받은 것이며, 불교식으로 말하면 우리는 부처(buddha)가 되기 위해 이번 생을 선물받은 것이다. 우리는 애벌레가 나비가 되듯이 인간 존재에서 신神이 되어야 하는 것이다. 그것이 우리 생의 의미이고 진정한 목적이다.

우리는 이번 생에 돈을 벌기 위해 태어나지 않았고 판사, 검사가 되기 위해 태어난 것이 아니다.

우리는 이번 생에 의사, 약사가 되려고 태어나지 않았다.

우리는 이번 생에 공무원이 되려고 태어나지 않았다.

우리는 이번 생에 좋은 대학 가려고 태어나지 않았다.

우리는 이번 생에 자녀를 부양하려고 태어나지 않았다.

우리 생의 의미는 우리 안의 하느님이 태어나기 위한 것이고 우리는 전부 하느님인 것을 모르고 살아간다.

우리 생의 목표는 하느님이 되는 것이다. 그것은 고단한 수행과 금욕 생활로 이루어지는 것이 아니라 우리의 생을 하느님에게 다 바칠 때, 우리 안의 하느님이 해방되어 본래의 모습이 나오는 것이다. 마치 애벌레 안에 나비라는 신비(mystery)가 이미 들어 있듯이

신에게 묻기를

"이 세상에서 가장 위험하고 나쁜 죄가 무엇입니까?"

"그것은 바로 나약함이니라. 실로 이 우주에 존재하는 죄는 하나뿐이니 바로 나약함이다. 너희 스스로 두려워하고 근심하고 걱정하는 것은 너희 믿음의 문제가 아니라, 너희 스스로 나약함을 선택한 것이 아니다. 너희는 나약할 수 없는 존재들이니 너는 나의 아들과 딸이라 세상을 걱정 말라, 세상을 이겨 내라, 너희는 나약한 존재가 아니다."고 말씀하셨다.

2015년 10월 초순에 신으로부터 직접 들은 내용이다. 여러분들은 '이것이 정말 될까?' '나쁜 일이 생기면 어쩌지?' '모든 죄를 뒤집어쓰면 어쩌지?' '임용고시에 떨어지면 어쩌지?' '돈이 다 사라지면 어쩌지?' '장사가 망하면 어쩌지?' 하면서 이렇게 끝없이 걱정하고 두려워한다. 여러분은 전지전능한 하느님의 표

현된 존재들이다. 이 세상에 지지 말자!

주문呪文, 진언眞言의 효과

　현대 양자역학量子力學(Quantum Mechanics)이란 학문이 최근에야 발견한 우주적인 진리 중 하나가 '우주만물은 진동振動하고 있다'는 것이다. 아무리 단단해 보이는 돌덩이도 사실은 진동하고 있는 파동의 결합체라는 것이다. 이 발견을 기점으로 우리는 새로운 사실을 깨달아야 한다. 그것은 바로 주문呪文이다. 진언眞言이라고도 하는 이것의 숨은 진리를 말하고자 한다.

　만물은 진동이며 모든 것은 진동의 영향을 서로주고 받는다. 모든 언어와 모든 단어에는 고유의 진동이 존재하며 그 진동이 그 말을 하는 사람에게 그대로 영향을 미친다. 〈물은 답을 알고 있다〉라는 에모토 마사루의 책에 보면 아주 재미있는 실험이 있다. 두 물통을 준비한 채 한 물통에는 '사랑'이라는 말을 써서 통에 붙였고 다른 물통에는 '분노'라는 말을 써서 붙였다. 그렇게 21일 후 두 물통 속의 물을 전자현미경으로 사진을 찍었다. 사진은 경악 그 자체였다. '사랑'이라 쓴 물통 속의 물은 너무나 아름다운 육각형의분자 구조를 이루고 있었고, '분노'라는 물통 속의 물은 전부 으깨어진 육각형도 아닌 분자 구조로 되어 있었다.

모두 양자역학이란 학문으로 이제야 설명이 되는 것뿐이다.

※ 육자진언六子眞言
1. 몸에 병病이 없어지고 안락安樂해진다.
2. 전생에 지은 업 때문에 깊은 병이 있다 해도 빨리 낫는다.
3. 피부皮膚가 윤택해지고 얼굴이 맑아진다.
4. 모든 사람이 기뻐하며 사랑하게 되고 존경하게 된다.
5. 신체에 장애 없이 완전한 몸을 갖춘다.
6. 재물財物을 많이 얻게 되어 뜻대로 쓸 수 있다.
7. 통치자나 도적, 수재, 화재로 인한 피해를 입지 않는다.
8. 사업事業을 하면 성취成就하게 된다.
9. 사업하는데 서리, 우박, 비, 바람 등 천재지변으로 피해를 입지 않는다.
10. 일을 하는데 갑작스런 재난災難을 입지 않는다.
11. 귀신鬼神이나 나찰羅刹 등이 정기精氣를 빼앗지 못한다.
12. 모든 원수怨에 대한 두려움이 없어진다.
13. 설혹 원수가 있다 해도 저절로 사라진다.
14. 사람이나 사람이 아닌 것들로부터 피해를 입지 않는다.
15. 남의 저주를 받거나 독충의 피해를 보는 일이 없어진다.
16. 번뇌煩惱에 물드는 일이 없어진다.
17. 칼이나 독약, 수재, 화재로 다치는 일이 없어진다.
18. 모든 천신天神들의 호의를 받는다.
19. 세세생생世世生生 자비심과 남의 공덕을 기뻐하는 마음과 모든 사람을 평등하게 여기는 마음이 떠나지 않고 깨달음을 얻는다.
20. 모든 기도祈禱와 선언宣言들이 속히 다 이루어진다.

재미있지 않은가? 사실 이미 신인神人의 경지에 오르신 분들은 오래 전부터 알려진 내용일 뿐인데 이제야 과학이라는 이름으로 이해를 하는 것이다.

반야심경般若心經의 '색즉시공色卽是空이며 공즉시색空卽是色이라' 즉 물질이 곧 허공이며 허공이 곧 물질이라. 소리는 파동이며 각각의 소리에는 고유한 역할을 하는 진동이 존재한다. 그래서 특정한 소리의 조합은 기적 같은 신비를 만든다. 그 기적을 만드는 특정 조합의 소리 중 하나가 바로 관세음보살觀世音菩薩의 육자대명왕진언六子大明王眞言이다. '옴마니반메훔' 많이 들어봤을 것이다. 이 진언을 소리 내어 말하면 20가지의 공덕이 일어난다. 이 진언이 갖고 있는 고유한 진동 때문이다.

수시로 소리 내어 이 육자진언六子眞言을 외우자. 기적 같은 일들이 여러분 삶에 계속 일어날 것이다.

어린아이처럼 되라

"어린아이처럼 되어야 천국에 들어갈 것이다."라고 예수님이 말씀하신 부분이 있다. 이때 제자 중 하나가 "우리가 다시 여성의 태에 들어가서 다시 태어나야 한다는 말씀인가요?"고 묻자 예수님께서 그렇지 않다고 하셨다.

어린아이처럼 되어야 천국에 간다는 뜻은 우리가 우리 삶을 모두 하느님 아버지에게 맡기고 우리는 어린아이처럼 이 세상을 살 때 우리에게 천국이 임한다는 뜻이며, 그때 비로소 우리의 근본이 발현되고 우리는 신이 되어간다는 뜻이다. 우리가 신이 되면 더 이상 우리는 돈을 벌기 위해, 음식을 구하기 위해, 경쟁하거나 싸우거나 겁탈하거나 다른 이를 죽이는 일은 이 세상에서 사라진다.

우리의 삶을 모두 하느님께 드리자. 하느님 아버지께서 우리의 삶을 조율하시고 우리를 이끄신다. '어린아이처럼 되어야 천국이 너희에게 임하리라'의 참된 뜻이다. 세상에 너무 집착하지 말자. 세상일을 하느님 뜻에 맡기고 당신은 오늘 당신의 삶을 감사하며 기뻐하며 기도하며 살아가야 한다.

빠른 시간 안에 당신과 천국과 하느님의 실제를 체험하게 될 것이다. 그때 당신은 종교를 버리고 하느님과 직접적인 대화를 하게 된다. 어린아이처럼 되어서 하느님의 실재를 만난다면 세상 모든 문제가 해결될 것이다.

우리는 하느님의 표현이다

기독교에서는 인류를 죄인이라 말한다. 이 엄청난 표현이 인류를 정말 죄인으로 만들고 있다. 인류는 죄인이 아니며 현재 심장이 뛰고 있는 우리들은 모두 하느님의 표현이다. 하느님이 완전하게 표현된 존재가 그리스도이며 부처인 것이며 신선인 것이다. 우리들은 모두 하느님과 연결되어 있으며 하느님의 힘이 끊임없이 우리들에게 계속 들어오고 있다. 당신의 심장이 뛰는 것은 당신이 밥을 먹었기 때문이 아니라, 하느님이 당신을 살게 하고 있기 때문이다.

예수 그리스도가 하셨던 오병이어의 기적을 당신도 할 수 있다. 당신은 예수 그리스도가 하였듯 물 위를 걸을 수 있다. 우리들은 각자가 그만큼 표현된 하느님인 것이다. 당신은 남보다 공부를 더 잘하는 하느님, 남보다 골프를 더 잘 치는 하느님, 남보다 외국어 습득능력이 뛰어난 하느님, 남보다 가르치기를 잘하는 하느님, 남보다 치유능력이 뛰어난 하느님이다.

우리들은 모두 다르다. 그 이유는 우리 안에 있는 하느님의 무한한 힘을 각자 개인의 소망과 바람과 노력에 의해서 개발되고 표현되는 순서가 다를 뿐이기 때문이다. 이제부터 이 내면에 숨 쉬고 있는 하느님의 힘을 어떻게 해방시켜서 이 힘으로 무엇을 할 수 있는지를 알려주고자 한다.

말의 원리

흔히 이런 말을 한다. '도(道)를 닦는다.' 이 말을 자세히 생각해 본 적이 있는가? '도를 닦는다.' 그 말은 곧 길을 닦는다, 길을 연다, 에너지가 흘러갈 길을 연다는 의미이다.

에너지가 흘러 세상으로 나가게 한다.

에너지가 흘러들게 한다.

에너지가 흘러 나에게 와서 나를 변화시킨다.

길을 따라 에너지가 흘러 그 에너지가 내가 원하는 바를 이루게 한다.

이것이 바로 도를 닦는다는 말의 진짜 뜻이다. 과연 에너지는 어디서부터 오는 것이고, 도는 어떻게 닦아야 가장 효과적으로 원하는 바를 이룰까? 이제부터 그 부분을 설명하겠다.

에너지는 바로 우리가 보지 못하는 불가시의 영역에서 온다. 여러분은 그것을 어떻게 믿을 수 있느냐고 물어 올 수 있다. 당신은 지구 중력이 눈에 보이는가? 그리고 지금 이 지구가 허공에 떠서 태양을 돌고 있다는 것을 알고 있는가? 우리가 보는 모든 것들은 이 우주의 1% 밖에 안 된다. 나머지 99%는 불가시의 영역에 속한다. 우리의 심장도 우리의 피도 우리의 두뇌도 이 보이지 않는 곳의 힘에 의해 유지되고 작동한다. 이것을 하느님이라 하든 신이라 하든 천지신명이라 하든 모두 똑같은 의미이다. 따라서 이 책에서는 이런 에너지를 편의상 하느님이라 한다. 이 하느님을 작동시키는 방법 중 하나가 바로 말이다. 물론 하느님을 작동시키는 방법은 여러 가지가 있다. 지금은 그 방법 중 하나인 말을 이해시키고자 한다.

하느님의 힘

자, 그럼 말에서 해방되어 작동하기 시작한다는 이 하느님의 힘에 대한 정확한 정의가 있어야 한다. 정의가 정확히 확립되어야 정확히 이해되고 그래야 응용할 수 있다.

하느님 혹은 신 혹은 이 우주를 움직이고 모든 생명을 불어넣고 거두어들이는 힘이나 절대자도 모두 같은 말이다. 이제부터 우리 하느님을 이렇게 정의 내린다.

우리의 근본이요, 이 우주를 움직이는 힘이며 나를 있게 한 근원에너지요, 나의 심장을 뛰게 하는 힘이며, 이 지구를 허공 위에 떠 있게 하는 힘이다. 모든 것을 있게 하고 모든 것을 거두어들이는 힘, 우리의 생명 그 자체로, 이 우주는 전부 다 하느님이다. 따라서 우리는 모두 하느님의 표현이다. 즉 장미는 그렇게 표현된 하느님이며, 호랑이도 그렇게 표현된 하느님이다. 당신은 지금 그만큼 표현된 하느님이며, 나도 나로 이만큼 표현된 하느님인 것이다. 하느님이 완전히 표현된 것이 그리스도이며, 부처라는 존재이다. 당신이 이 하느님의 힘을 얼마나 해방시켰느냐에 따라 당신의 행복과 풍요와 자유의 척도가 결정 난다. 이것이 하느님의 정의이다.

하느님을 작동시키는 법, 그것은 말

우리는 앞에서 우주를 유지시키고 발전시키는 에너지를 하느님이라 정의했다. 그리고 이 하느님을 해방시키고 작동시키는 것도 말이라고 전했다. 말의 사용법 중 하나가 선언문이다.

어떤 준수하게 잘생긴 청년이 몇천 년 전에 이렇게 선언했다. "나는 우주의 진리와 생의 모든 신비를 알고 싶다." 이 선언을 청년은 3년간 포기하지 않고 매순간 이 선언의 바람을 계속 말하고 생각하고 말하고 생각하였다. 3년간 먹는 것도 잊고 숲 속에서 이 선언만을 말하고 생각하였다. 3년이 지난 어느 순간, 그는 우주의 모든 신비를 보게 되었다. 생의 비밀과 하나 되었고 우주의 에너지와 완전 하나 되어 이 에너지를 마음껏 사용하게 되었다. 그가 바로 석가모니이다.

이제부터 철저하게 비교분석 해보자. 당신은 하나의 목표나 하나의 신념의 말로 계속 유지해 본 적이 며칠이나 되는가? 아마 3일을 가지 못하고 그 신념의 말이 바뀌고 목표는 허물어지고 잡고 있던 말을 바꾸지 않았는가? 당신이 말을 하면 말은 하느님을 작동시키는 방법이기 때문에 하느님이 움직이기 시작한다. 당신이 "나는 100억을 벌고 싶다."고 말하는 순간, 말과 하느님과의 약속으로 인해 그 말 그대로 하느님은 이루시기 시작한다. 만약 100억을 말한 사람이 그 말을 계속 유지하고 항상 그 말을 생각하고 말하면서 그것을 완전한 자신의 선언문으로 잡고 간다면, 그 일은 분명히 이루어지며 그 사람은 반드시 100억을 손에 넣게 된다. 그것이 분명한 하느님의 작동법이다.

현실로 이루어지는 시간차

여기 100억을 바라는 두 명이 있다. A는 "나는 100억을 벌고 싶다."는 말을 매일 선언한다. 그러면 정말 신기하게도 자신이 100억을 벌었을 때의 모습이 상상되어 더 열심히 그 말을 선언하게 된다. 결국 말뜻에 따라 하느님의 힘이 해방되고 그 힘이 한 번 선언될 때마다 한 번씩 계속 해방된다.

A가 100번을 선언 했다면 그 뜻에 해당하는 하느님의 힘이 100번 해방되어 현실에 작용하게 된다. B도 "나는 100억을 벌고 싶다."고 선언한다. B는 이 선언을 하다 말다 지속하지 못한다. 또한 자기 생활의 틀에 물들어 이 선언의 말을 하지도 않고 지내는 적이 많다. 가끔 생각이 날 때 선언하기도 한다.

만약 100억 원이 즉각 이루어지게 하는 하느님의 힘이 1,000,000 단위가 모여야 즉시 이루어진다면, A는 지금 100단위만큼 하느님의 힘을 해방시켜 놓은 것이다. 그 100단위 만큼의 하느님의 힘이 A에게 100억을 가져다주는 지혜를 주며 100

억을 벌 수 있는 인연을 맺게 한다.

　원래 100,000단위의 하느님의 힘으로 즉시 100억 원의 돈이 생기는 것이라면, A에게는 100단위의 하느님의 힘이 일을 하고 있으니 즉시 이루어지지는 않으나 시간이 지날수록 A에게는 100억이 계속 들어오는 현실을 맞이한다.

　B는 5단위만큼 하느님의 힘을 해방시켰다고 보자. A는 10년이 걸린다면 B는 100년이 걸리게 된다. 결국 B는 100억 원을 버는 현실을 보지 못하고 사망하는 것이다.

수치로 이해하자

　서울대 의대를 가기 위한 하느님의 힘이 200,000단위의 힘이라 가정해 보자. 당신은 그것을 이루기 위해서 노력이라는 방법으로 하느님의 힘을 해방시킬 수 있다. 하지만 그것은 정말 미미한 수준이라는 것을 반드시 알아야 한다.

　당신이 "나는 서울대 의대에 합격하고 싶다."고 선언한다면 그 선언을 통해서 하느님의 힘은 0.05단위만큼 해방되는 것이다. 당신이 이 선언을 100번 계속 했다면 당신은 5단위만큼 하느님의 힘을 사용하게 된다. 그 힘이 당신이 외워야 할 것을 자연스럽게 인지시켜 공부해야 할 방법을 알게 하고 공부가 잘되게 만들며, 결국은 당신을 서울대 의대에 합격하는 길로 안내

한다.

당신이 계속 생각하고 말하면서 이 선언을 지속하여 이 일을 이루게 하시는 하느님의 힘을 100단위만큼 해방시켰다면, 공부는 더욱 수월해지고 외워야 할 것이 머리에 잘 들어오고 자신도 모르는 사이에 공부하는 자세가 잡히는 것이다. 당신이 시험을 치기 전까지 당신이 해방한 하느님의 힘에 의해 당신의 성패는 결정난다.

일이 되는 자와 일이 되지 않는 자

자, 그렇다면 세상은 모두 성공하고 모두 부자가 되고 모두 풍요를 누리게 되어야 하는데 실상은 어떠한가? 거지와 부자, 노동자와 권력자, 일하는 자와 노는 자의 구별이 있다. 왜 이런 일이 있을까? 이것도 수치화시킨 하느님의 힘으로 금방 이해할 수 있다.

박대리는 오늘도 열심히 회사에서 일하고 있다. 박대리는 회사에서 부장이 되는 것이 목표다. 박대리는 '말의 힘'을 어디서 듣고는 이 선언법을 사용한다.

박대리가 즉시 부장으로 승진하는 데 필요한 하느님의 힘이 200,000단위라고 하자. 박대리는 열심히 "나는 부장이 되었다.""나는 부장이 되고 싶다."라고 매일 선언한다. 이 한 번의 선언으로 해방되는 하느님의 힘이 0.05단위만큼의 힘이라면, 박대리가 며칠 동안 300번의 생각과 선언으로 15단위만큼 하느님의 힘을 해방해서 부장이 되는 데 힘을 작용시킨다. 거기에 300번을 더해서 30단위만큼 하느님의 힘을 해방시켰다면 그만큼 더 일을 하게 된다.

그러나 박대리가, 부장이 되지 못한 채 명퇴한 주위 선배들과 가끔 생기는 업무의 불쾌감으로 "나 정말 부장이될 수 있을까?" "그냥 딴 장사나 할까?" 하고 말해 버린다. 이때 부장을 만들려던 30단위의 힘과 정반대로 작용하는 하느님의 힘을 해방시킨 것이다.

만약 박대리가 "내가 부장이 되겠나?"란 말을 하거나 생각했다면 이것은 "나는 부장이 안 된다"고 하는 선언과 동일한 작용을 하게 된다. 박대리가 이 선언을 한 번이라도 했다면 부장이 되지 않도록 하는 하느님의 힘이 0.05단위만큼 생겨나며, 이런 류의 생각과 말을 300번 했다면 그 작용력은 15단위의 하느님의 힘이 된다.

결국 부장이 되게 하는 30단위의 하느님의 힘이 작용하고 동시에 부장이 되지 않게 하는 15단위의 하느님이 동시에 작용하니 단순한 사칙연산법에 따라도(30-15) 박대리를 부장이 되게 하는 하느님의 힘은 15단위만 존재하는 것이다. 그만큼만이라도 있다면 결국 부장이 되겠지만, 계속해서 부장이 되지 못하게 하는 말을 해서 그 뜻에 합당한 하느님의 힘을 계속 해방하다가는 박대리를 부장으로 만들려는 남은 15단위의 하느님의 힘마저 모두 상쇄되어 버려서 오히려 부장이 되지 않도록 하는 하느님의 힘만 존재하게 되고 결국은 퇴사하는 박대리를 만든다.

단순한 수학 논리로 심오한 진리를 이해해 보았다. 당신은 지금 무엇을 정말로 바라고 있는가?

하느님의 힘은 선악이 없다

당신의 생각이나 말을 통해서 무조건 해방되는 하느님의 힘은 선악이 없다.

간단한 예로 여기 최봉구라는 분이 있다고 하자. 이분은 조금만 힘이 들어도 "아이고 힘들어 죽겠다."는 표현을 자주 사용한다. 이때 봉구씨가 진짜 죽고 싶어서 이 말을 했든 그저 푸념으로 이 말을 했든 이 말을 통해 해방되는 하느님의 힘은 그 말의 뜻을 그대로 이루게 한다.

정말로 봉구씨를 힘들어 죽게 하는 하느님의 힘이 200,000단위라면 한 번의 자의든 무의식이든 이 표현으로 해방되는 하느님의 힘은 0.05 정도가 된다. 봉구씨가 만약 100번을 푸념으로 이 말을 했다면, 이 선언을 통해 해방되어 봉구씨를 나날이 더욱 힘들게 하는 하느님의 힘이 총 5단위만큼 된 것이다. 봉구씨가 그런 식의 표현을 자의든 무의식이든 10년을 해왔다면, 그리고 하루에 10번씩 한다면 간단히 계산을 해봐도(0.05×10×365×10) 1,825단위만큼 봉구씨를 힘들어 죽게 만드는 힘이 계속 일을 하게 되는 것이다. 하느님의 힘은 절대적이니 1,825단위 힘은 나날이 봉구씨를 지치게 만들고 일은 안 풀리게 만들며, 될 일도 안 되게 만든다.

왜냐하면 방향이 잡힌 에너지는 무조건 그쪽으로 흘러가기 때문이다. 이것이 더욱 심해지면 봉구씨 입에서는 계속 "힘들어 죽겠다"는 표현이 더 많아질 것이고 따라서 그 힘은 더욱 강성해져 정말 죽을 상황으로 봉구씨를 이끈다.

다른 예로 최예리라는 여성분이 있다고 해보자. 이 여성은 매일 "나는 항상 행복해"라는 말을 자주 사용한다. 만약 그 즉시 예리씨를 행복하게 만드는 하느님의 힘이 200,000단위라면 한 번의 이 표현으로 해방되는 하느님의 힘이 0.05단위이다. 예리씨가 이 선언을 봉구씨처럼 매일 10번씩 10년을 했다면(0.05×10×365×10) 1,825단위의 힘이 된다. 이 엄청난 힘은 예리씨를 뭘 해도 잘되게 만들며, 예리씨를 행복하게 해 줄 인연을 가져다 주고, 시험을 볼 일이 있으면 그 시험에 합격하게 해준다. 좋은 결혼의 인연을 만나게 하며 때에 맞춰 예리씨를 행복하게 할 수 있는 일을 해방된 하느님의 힘이 가져다 안긴다.

여러분은 뭘 해도 잘 나가는 사람과 이상하게 뭘 해도 안 되는 사람을 주변에서 본 적이 있을 것이다. 같이 나쁜 일을 해도 안 걸리는 사람이 있고, 평생 나쁜 짓 해본 적도 없는데 딱 한 번 저지른 일에 바로 걸리는 사람부터, 우리 주변에는 이런 경우를 얼마든지 찾을 수 있다.

당신의 말과 생각을 통해 선언되는 하느님의 힘은 선악이 없다. 그것은 우리라는 존재가 바로 하느님의 표현 그 자체이기 때문이다. 주인 된 자가 이리 쓰겠다, 저리 쓰겠다 한다면 그 힘은 주인의 의지를 그대로 따를 뿐이다. 마치 같은 물을 뱀이 마시면 독이 되고 소가 마시면 우유가 되는 것처럼, 그리고 같은 칼이라도 영웅이 잡으면 의검이 되나 살인자가 잡으면 흉기가 되는 이치이다. 그래서 하느님의 힘은 선악이 없고 공명정대하다. 모든 힘은 전적으로 당신에게 달린 것이다.

정보의 위험성

우리는 많은 정보의 바다에 살고 있다. 유튜브를 봐도 그렇고 서점에 나오는 무수한 책들을 봐도 그렇다. 나는 여기서 정보의 위험성을 경고하고자 한다. 종종 서울 명동에만 나가도 이것을 체험할 수 있다. '예수천국 불신지옥' 이것도 정보이다. 그렇지 않은가? 이 피켓을 들고 다니는 사람들을 유심히 관찰한 적이 있는가? 우리와 다를 게 없는 일반 사람들이다. 그런데 이 사람은 어떻게 이렇게까지 믿어버린 것일까? 그것은 바로 일정한 정보가 일정기간동안 계속 자의든 타의든 주입되어, 우리의 의식이 그것을 진실로 받아들였기 때문이다. 그래서 그런 피켓을 든 사람들은 예수를 믿어야만 천국에 간다고 생각한다. 예수를 믿지 않아도 천국에는 너무나 쉽게 갈 수 있는데 말이다.

당신은 일정기간 일정한 정보에 계속 노출되면, 어느새 인지도 못하는 사이 그것을 진실로 받아들일 것이다. 그래서 누군가에게 전해들은 정보를 당신이 아무런 걸림 없이 받아들이면 그것이 정말 당신의 현실이 된다.

전에 신학교를 다니던 분이 상담을 왔는데, 그분의 큰 갈등은 기도하는 방법에 대한 것이었다. 자신은 어릴 때부터 '하느님 이거 되게 해주세요', '저거 되게 해주세요', '이것을 원합니다',

'저것을 원합니다'는 식으로 간청의 기도를 해왔다고 한다. 그러던 어느날 〈신과 나눈 이야기〉라는 책을 보다가 자신이 해왔던 간청의 기도는 오히려 궁핍과 가난과 소원의 부재만을 더욱 만들어낸다는 문구를 보았으며, 그 책에 나와 있는 선언법을 따라 기도해야 한다는 것을 알게 되었다는 것이다.

그런데 문제가 생겼다. 자신은 이미 24년간을 자신의 방식으로 기도해 왔는데 갑자기 선언의 형태로 기도법을 바꾸려니 너무 의심만가고 불편하며 기도가 더 안 된다는 것이었다. 그러면서 답을 알려달라고 했다.

나는 다시 간청의 기도로 하라고 했다. 그랬더니 자신은 그게 마음이 편하긴 한데 자꾸 책에서 읽은 내용이 생각나서 더 부정적이고 궁핍해지는 것 같다고 했다. 자, 이것이 바로 정보의 위험성이다. 그분은 이제 기도를 선언의 형태로만 해야 한다. 왜냐하면 한 정보를 자신도 모르게 순수하게 받아들였기 때문에 자신이 변화를 경험할 수밖에 없는 것이다.

정보는 기간과 함께 그 정보를 공유하는 사람들의 인원 수에 따라 엄청난 파급력이 갖는다. 하나의 정보를 10명이 공유하고 있는 것과 10,000명이 공유하는 것은 정보의 힘의 강도가 달라진다. 그래서 종교의 교리가 무섭고 위험하다. 너무 오랫동안 믿어왔고 새 신자들을 그렇게 손쉽게 세뇌시킬 수 있는 것은 너무 많은 사람들이 그 정보를 사실로 인정했기 때문이다.

여기서 문제점은 그 정보를 인정하고 자신들의 진실로 만드는 것은 좋으나 진실과 진리는 다르다는 점이다. 진실은 그 개인의 삶일 뿐, 진리는 절대적인 하느님의 법칙이기 때문이다. 지금은 세뇌된 의식 상태를 깨우고 진리에 눈을 떠야 하는 시점이다.

하느님에 대한 바른 이해

종교인들 중 대부분이 하느님 혹은 신은, 인간에게 고통을 주고 벌을 주는 존재라고 생각한다. 특히 기독교와 카톨릭의 신앙은 더욱 심하게 왜곡되어 있다. 이 잘못된 관념이 하느님은 인간이 원하는 것을 주지 않으니, 더욱 정확하게는 인간의 욕심에는 반응하지 않으시니 하느님께 자신의 인생을 맡기면 반드시 나를 더욱 힘들게 하며 더욱 지치게 하고 더욱 가난하게 만들 것이라고 생각하게 한다.

하느님은 우리의 기도를 가장 평화롭게 가장 아름답게 모두 이루어주시는 분이다. 하느님은 초콜릿을 원하는 자에게 바로 초콜릿을 주지 않는다. 초콜릿을 주기 전에 그 사람에게 양치하는 법을 가르치고 초콜릿을 즐길 줄 알고 절제할 줄 아는 법을 가르친 다음에 초콜릿을 준다. 그냥 마구 주면 반드시 이가 썩고 그로 인해 또 하느님을 원망할 것이 분명하기 때문이다. 하느님은 우리의 삶을 축복하시며 우리의 근심과 걱정을 다 소멸시켜주시는 존재이다. 하느님께 우리의 삶과 모든 것을 맡기자. 하느님은 우리를 창조하실 때 자유의지를 주셨기 때문에 우리가 하느님의 관여와 역사하심을 허락하고 요구하지 않으면 하느님은 우리의 기도를 이루어주실 수 없고, 근심과 두려움도 소멸시켜줄 수 없다.

하느님께 우리의 삶을 전탁全託하면 우리의 기도가 형언하기 어려운 환희와 기쁨과 평화 속에서 모두 이루어지는 것을 체험하게 된다. 우리 안에서 더 큰 소망이 생겨나는 기적을 허락해야 한다.

인간의 욕망과 소망은 좋은 것이다. 하느님은 그 사람을 이끌 때 그에게 소망과 욕망을 넣어 그 사람을 깨운다. 우리가 자신의 아집과 자신의 힘으로 이 세상을 살아가려 한다면 그것은 뱀이 독을 만드는 것과 같다. 하지만 하느님이 우리를 통해 살게 하신다면 그것은 소가 우유를 만드는 것이 된다. 그 우유로 수많은 사람을 살릴 수 있는 것이다.

지금까지 믿고 있는 하느님에 대한 고정관념을 버리자. 300년 전까지도 인류는 지구가 평평하다고 믿고 살았다. 잘못된 믿음이다. 하느님, 신에 대한 우리의 고정관념을 버리고 흐림 없는 눈으로 하느님과 우리의 삶을 바라보자. 하느님은 우리들에게 최고의 것을 주시는 존재이며, 우리를 스스로 만든 흉凶으로부터 지켜내시는 존재이다. 하느님의 자녀들에게 최고의 선하고 귀한 것을 주시는 존재이지 우리의 잘못을 벌하고 우리의 소망과 욕망을 책망하시는 분이 아니다.

하느님은 우리의 모든 기도를 가장 화평하고 순리에 맞게 이루어주신다. 이를 위해 우리의 삶을 하느님께 전탁하며 그분의 선한 관여가 우리 삶에 이루어지도록 허락해야 한다. 그때부터 하느님의 역사하심이 우리의 삶을 통해서 이루어질 수 있다. 이것이 인간과 하느님의 자유 의지에 관한 약속이다.

하느님에 대한 진실

기독교의 하느님, 특히 구약성경에서 보이는 여호와라 불리는 하느님은 징벌적이며, 굉장히 화를 잘 내고, 네가 잘못하면 나는 벌을 내린다는 식의 하느님이다. 이 기본적인 개념과 함께 기독교식 원죄原罪, 그러니까 우리는 모두 죄인이고 우리들은 잘못된 인간인데, 예수 그리스도가 십자가에 못 박히면서 유월절 속죄양의 역할을 하여 우리의 죄가 사하여졌다. 그리고 죽으면 우리가 사는 동안의 행실로 심판 받아 천국과 지옥으로 나누어진다. 이것이 전반적인 기독교식 하느님이고 불교에서 말하는 천당과 지옥의 논리도 크게 다르지 않다.

이것은 철저히 잘못된 인식이다. 하느님은 이 우주의 모든 것이며, 우리 심장박동의 근원이다. 이 우주에 하느님의 질서로 지어지지 않은 것은 하나도 없으며 종교가 말하는 하느님은 진짜 하느님의 일부분만을 극대화하여 인격화한 것이다.

하느님은 우리에게 끝없이 좋고 귀한 것을 주고 싶어 하며, 우리에게 최상의 복을 주고 싶어 한다. 천지를 만들고 우주의 원칙을 세우고 우주의 모든 에너지와 하나이신 하느님은 우리가 전부 그분의 자녀임을 알기 바라신다. 그러면 이렇게 질문하는 사람도 있을 것이다.

"왜 내 삶은 이렇게 날이 갈수록 힘든가요?"

하느님은 우리에게 자유의지를 주셨다. 그것은 우리가 스스로 하느님의 복을 받겠다고 선택해야 하느님의 복이 우리의 삶에 들어올 수 있다는 뜻이다. 우리의 삶이 척박하고 힘들고 지치는 것은 모두 우리의 잘못된 선택에 의한 결과일 뿐 하느님과는 아무런 관련이 없다.

하느님께 당신의 인생을 전부 맡겨 보라. 당신의 욕망도 그분에게 드리고 당신의 두려움과 긴장과 슬픔과 앞을 알 수 없어 생기는 초조함도 모두 하느님께 맡겨 보자. 당신의 소원이 이루어지기를 바라지 말고 그 소원까지도 모두 하느님께 맡겨 보자.

"하느님의 뜻대로 되소서. 하느님은 저에게 최상의 복에 복을 주시려 하심을 알고 있으니 하느님 뜻대로 모두 되소서"

이것이 최상의 기도이다. 당신의 삶에 하느님의 권능이 참여할 수 있게 당신이 선언하고 당신의 삶을 하느님께 드리자. 당신의 모든 문제들은 문제가 아니게 될 것이며, 당신 삶에 평화와 풍요가 임하게 됨을 몸소 체험할 것이다.

하느님의 표현법=하느님의 해방법

보통 이쯤 되면 하느님을 표현하는 방법에 관한 것으로 고민하게 된다. "'나는 전지, 전능, 절대 자유입니다.'라고 표현하는 게 맞나요? '하느님 저는 전지, 전능, 절대 자유입니다.'라고 표현하는 게 맞나요?" 답은 둘 다 맞다.

이것은 당신의 기본 설정에 있다. 이 말이 무엇이냐 하면, 하느님의 힘을 해방할 때 '나는'이라는 표현으로 하겠다고 하면 그 일은 그렇게 이루어지는 것이다. 또는 하느님의 힘을 해방할 때 '저는'이라고 하겠다고 하면 그 일은 그렇게 이루어지는 것이다. 단순히 우리나라 말의 높임말 차이일 뿐이다. 공손한 표현이든 당당한 표현이든 하느님이 듣는 내용은 항상 똑같다.

당신의 설정, 소위 믿음이라고 한다. 그 믿음을 어떻게 설정하느냐가 답이 될 뿐이다. 그러니 본인의 설정을 믿어야 한다.

그 믿음에서 흔들리지 말고. 그러면 기적이 더 빨리 더 강대하게 현실로 이루어지게 된다. 하느님의 힘을 해방하는 방법은 수천 가지이다. 단지 유일하게 확실한 원리 하나는 예수님이 말씀하신 방법이다.

"기도할 때 위선자처럼 하지 말라. 그들은 남에게 보이려고 회당이나 한길 모퉁이에 서서 기도하기를 좋아한다. 나는 분명히 말하노라. 너는 기도할 때 골방에 들어가 문을 닫고 보이지 않는 네 아버지에게 기도하라. 그러면 몰래 보고 계시는 아버지께서 다 들어주실 것이다."
[마태복음 6장 5절]

기도는 하느님께 말하듯이 하면 된다. 하느님과 마주앉아 얘기하듯 하느님께 당신의 뜻을 전하면 된다.

하느님의 힘을 해방하는 방법은 크게 두 가지이다. '간청법'과 '선언법'이다. 이 중 당신의 마음이 편한 쪽을 따른다. 그 방법이 때에 따라 왔다갔다해도 사실 상관은 없다. 당신이 선언의 형태로 정하면 절대의 힘은 그 방법을 따를 것이며, 간청의 형태로 정하면 절대의 힘은 그 방법을 따를 것이다. 당신이 선택하면 된다. 간청하는 것은 구걸하는 것과 같다는 부정적인 의식을 갖고 있다면 선언의 방법을 따르고, 선언의 방법이 불편하다면 간청의 방법을 따른다. 하지만 무엇보다 강조하고 싶은 것은, 하나를 선택해서 그 하나로 하느님의 모든 힘을 해방시키라는 것이다.

종교에 대하여

　종교는 인생 문제의 근본宗과 가르침敎을 뜻한다. 사람들에게 위안을 줄 수 있는 평화로움을 주는 종교라면 무엇이든 옳다. 하지만 자신의 종교는 옳고, 다른 종교인들은 마귀나 사탄이나 죽어야 하는 것으로 보는 종교라면 종교의 근본 이치와 완전히 어긋난다. 그것은 히틀러의 나치즘 같은 독재정권과 뭐가 다르겠는가?

　사람의 기질은 크게 잡아도 360개가 나온다. 더 세밀하게 잡으면 4,320개의 서로 다른 기질을 가진 사람들이 최소 1년 안에 태어난다. 또 이 4,320개의 기질들이 어떤 부모와 어떤 환경에서 성장했느냐에 따라 더 세밀한 경우의 수가 파생된다. 따라서 그런 기질에 맞게 그에 부응하는 종교가 있는 것이다.

　걷기를 좋아하는 사람에게 앉아있기만 하라면 곤욕이듯이 사람마다 그 기질에 맞는 종교가 있고 그 수준에 맞는 종교가 있다. 기독교만이 옳다는 주장은 뛰어야 행복한 사람에게 누워 있어야 한다고 말하는 것이며, 불교만이 옳다는 주장은 날 것을 먹지 못하는 자에게 날 것을 먹어야 한다고 말하는 것과 같으며, 이슬람만이 옳다는 주장은 잠을 자야 건강해지는 사람에게 자면 안 된다고 말하는 것과 같다.

가장 어리석은 형태가 종교 문제로 상담을 오는 경우이다. 한 청년이 자신은 불교신자인데, 장인어른 되실 분이 기독교 신자라서 첫 인사를 갔더니 못마땅해 하셨다며 찾아온 적이 있다. 결국 청년은 교회를 다니기로 약속하고 결혼식을 올렸다고 한다.

나는 청년에게 종교는 아무 의미 없는 것이니 신경 쓰지 말라고 했다. 종교는 인간이 만든 것이지 신이 만든 것이 아니며, 불교를 믿든 기독교를 믿든 그것은 신과는 아무런 관련이 없고 했다. 우리 인생 문제의 근본 가르침인 종교는 인간이 만든 것이다. 즉, 신이 만든 적이 없다. 그래도 자신의 종교만이 진리라고 말하고 싶은 사람들에게 말해주고 싶다.

"당신의 종교로는 신을 만날 수 없다."

신이 된다는 것

일부 수행하시는 분들 중 많은 분들은 하느님이 우리 내면에 계시다는 것을 정확하게 인지하고 있다. 그리고 하느님의 힘을 더욱 개발하고 본인 스스로가 전지전능할 수 있다는 것도 알고 있다.

하지만 이제 이 부분에서 오류가 시작이 되는데, 그것은 우리가 바로 하느님이라는 사실을 놓치면 안 된다는 점이다. 존재하는 것은 하느님 뿐이다.

하느님의 무한의 영역이 너무 다채롭다보니 성부와 성자와 성령의 삼위일체 논리가 나왔다. 성부와 성자와 성령은 하나의 다른 모습일 뿐 결국 하느님이다.

당신은 하느님을 얼마나 표현해내고 있는가? 혹은 하느님과 얼마나 많이 연결되어 있는가에 따라서 당신이 사용할 수 있는 힘이 달라지고 깨달음이 달라지며 전지전능함이 달라지는 것이다. 우리는 신이 되어야 하며 그것은 본래 자신의 권위와 권능을 되찾는 것이다. 우리는 하느님이다. 본래 자신의 얼굴을 찾자. 당당하게 말하고 선언하자. '나는 하느님입니다.'라고.

모든 힘은 하느님으로부터 나온다는 것을 인지하자. 그러나 하느님은 선과 악이 없다. 하느님은 모든 것이고 절대의 힘이다. 당신은 이 힘을 어떻게 사용할 것인가? 당신이 하느님을 부를 때마다 당신을 통해 하느님은 해방되며, 이 세상을 더욱 복되게 할 수 있다. 하느님과 하나 되기 위해 당신이 금욕적인 생활을 해야 하는 것도 아니고, 청빈하게 살아야 하는 것도 아니다. 결국은 하느님이 당신으로 살고 있는 것이니까. 당신은 없다. 당신만큼 표현되고 당신만큼 해방된 하느님이 있을 뿐이다.

주송呪誦은 신지로야神之路也요
부符는 신지택야神之宅也라

주문을 외우면 신이 나에게 오는 길이 열리며, 부적은 신이 머무는 집이라. 먼저 관세음보살의 '옴마니반메훔'을 항상 소리 내어 외워야 한다. 그 분의 귀하고 선하신 염원이 우리를 지키며 우리에게 복이 임하게 하리니, 이후 나와 같은 길을 가려는 분들은 태을주太乙呪를 소리 내어 외워야 한다. 더 깊은 신의 세계를 접하고 싶다면 반드시 태을주를 배우고 익혀야 한다.

나의 오방채는 부적의 형태로 신명의 감응을 빨리 내려서 당신의 삶에 화를 억제하고 복은 살리는 효과가 있다. 보통은 오방채 작업을 한 후, 기도 문구도 드리는데 부符는 기도와 함께 할 때 더욱 명확해진다. 관세음보살은 실제로 존재하시는 분이 맞으니 그분의 은혜를 먼저 받아 내리자.

죽음을 앞둔 당신에게

잘 살아왔다.
'뭔가에 홀린 채 세상 모두가 뛰어라, 뛰어라,
성공해야 한다, 성공해야 한다.' 당신에게 말한다.
그러나 당신은 이제 알게 된다.

이 세상은 아무런 의미가 없다는 것을...
그렇다. 이 세상은 무의미하다.
그 무의미함을 이겨내기 위해 우리는 날짜를 만들고
시간을 365일 단위로 1년을 만들고
지루하지 않게 만들었다.
당신은 이제 알게 된다.
이 세상에 뭔가를 하기 위해 태어난 것이 아님을...
기력은 다하고 체력은 소진되어
마약성 진통제를 링거에 꼽고 있을 당신에게
그래도 희망적인 한 가지!
천국과 지옥, 우리가 배운 그것은 존재하지 않는다.
오로지 천국만이 존재한다.
모든 것은 하느님의 품속일 뿐이다.
따듯하고 포근할 것이니 아무 염려 말자.
오로지 천국만이 존재한다.
일어날 일은 일어난다.
그러므로 모두 하늘에 맡긴다.
일어날 일이면 일어나고
일어나지 않을 일이면 일어나지 않는다.
우리는 근심하고 걱정한다.
일어나길 바라는 일은 일어나야 하고

걱정하며 일어나지 않기를 바라는 일은

일어나지 말아야 한다고...

어느 쪽도 우리에게 이득 되는 것은 없다.

우리는 내일 죽을 수도 있다.

어느 누구도 120년을 꽉 채워 살겠다고

하느님과 약속하고 태어난 사람은 없다.

우리의 삶은 내일 죽어도 이상하지 않다.

그런데 왜 그리 근심하고 걱정하는가?

당신의 영혼과 마음에 이로울 것이 없다.

지혜로운 나무는,

천둥, 비, 가뭄을 대비해 뿌리를 튼튼하게 한다.

어리석은 나무는,

가뭄이 언제 그치냐, 비가 언제 그치냐 한탄만 한다.

지혜로운 나무는,

햇살이 따가우면 잎을 더 강하게 만들며 열매를 준비한다.

어리석은 나무는,

햇살이 따가우면 저녁이 언제 오나 기다린다.

 지혜로운 나무는 가뭄에 자신의 기둥을 더욱 다부지게 만들어 물이 세지 않게 한다. 비가 너무 많이 내리는 날은 물을 많이 흡수하고 뿌리가 땅 속으로 더 잘 파고 들 수 있을 때라는 것을 직감하여 부드러운 땅 속으로 뿌리를 더 깊이 내린다. 세월이 지나 지혜로운 나무는 더욱 튼튼해지고 더욱 키가 커진다. 반면 어리석은 나무는, 5년 전 그대로의 키와 5년 전 그대로의 기둥으로 있다. 당신은 어느 쪽 나무로 살고 있나?

일어날 일은 일어나게 두고 일어나지 않기를 바라는 일도 그대로 둔다. 모두 하늘에 맡기고 당신은 지금 당신이 해야 하는 일에만 집중한다. 그것이 당신의 뿌리이기 때문이다. 지혜로운 나무로 성장하길.

사랑을 다른 사람과 나누는 것, 그래서 풍요와 평안이
두 사람 사이에 계속 오가는 것이 사랑의 완성이다.

#3_셋 사랑의 완성

15살의 당신에게

당신은 분명 40대이거나 30대일 것이다. 그리고 당신은 남들 보기에 번듯한 직업을 갖고 있을 수도 있고 지금 창업을 준비 중일 수도 있다. 당신은 두 아이의 아빠일 수 있고 엄마일 수 있다. 하지만 당신의 내면을 잘 들여다보라. 15살의 당신이 보일 것이다.

학교에서 1등을 못하면,
"나는 뭔가 잘못된 아이야, 엄마가 그랬어."
학교에서 반장을 못하면,
"나는 쓸모없는 아이야, 아빠가 그랬어."
"나는 더 이상 발전할 수 있는 아이가 아니야. 내 아버지가 내게 그랬어."
"우리 집은 너무 가난해서 나는 어쩔 수 없는 실패자야. 내 아버지를 봐!"

당신 안에 혹시 15살의 당신과 마주한다면 이렇게 말하자.
"괜찮아, 나는 지금 충분히 멋있고 괜찮은 사람이야."
"괜찮아, 나는 계속 성장하며 더 발전할 수 있는 사람이야."
"괜찮아, 1등이 아니어도 아무 상관없어. 나는 행복할 수 있는 사람이야."
"괜찮아, 나는 지금까지 잘 견디어 왔어. 앞으로도 나는 잘해

낼 수 있는 사람이야."

"괜찮아, 서울대 안 나오면 뭐 어때, 유학 못 다녀오면 뭐 어때, 나는 충분히 성공할 수 있는 사람이야."

15살의 당신은, 부모에게 상처 받았고 부정적인 말들과 실패자라는 암시로 그때의 15살에 멈춰 있는 것이다.

여러분! 당신은 지금 당신이 당했던 것처럼 당신의 자녀를 대하고 있지 않은가? 이제 걸음마를 배우는 어린 아기에게 '너는 왜 자꾸 넘어지냐'고 책망하지 않는가? 당신의 자녀는 이제 걸음마를 배우는 사회 초년생일 뿐이다. 당신이 15살이니 당신의 자녀도 15살로밖에 대하지 못하는 것이다. 좋은 부모란 기다려주는 부모이다. 오늘 당신 안의 15살 당신을 위로하고 당신의 자녀를 응원해 보자. 당신의 자녀에게 천천히 가라고! 인생은 긴 여정이며, 성공에 속지 말고 삶을 감사하며, 축복하며, 지금을 충만히 살라고 말해주자. 그때 비로소 당신의 자녀들은 사회에서 귀한 인재들이 되어 있을 것이다.

'공부를 잘한다'의 패러독스

공부를 잘한다는 것, 당신은 먼저 정확하게 인지해야 할 부분이 있다. 공부를 잘한다는 것은 시험을 잘 본다는 것이다. 시험

성적이 좋은 것을 우리는 공부를 잘한다고 말한다. 공부를 잘한다와 시험을 잘 본다는 것은 완전 다르다. 여기서는 시험을 잘 본다를 기준으로 말해 보겠다.

  부모들은 자식들이 무조건 시험을 잘 보기를 바란다. 학교에서 100점이라도 받아오면 그날의 저녁 식단은 금방 달라진다. 더군다나 1등이라도 하는 날에는 집에서 영웅대접을 받으며 그 부모의 어깨는 엄청 올라간다. 우리 사회가 학생들을 학원으로 계속 보내는 이유는 학원에서 시험에 나오는 것을 가르치기 때문이다. 그래서 학원에서 어느 정도 집중만 하면 일정한 수준의 성적을 계속 얻어내기 때문에 부모들은 이름 있는 학원이나 학원강사를 찾게 된다.

  돈 있는 부모 밑에서 자란 아이들이 학교 성적이 좋은 이유가 바로 이것이다. 학원 보내려면 부모가 경제력이 있어야 하기 때문에 어머니들 중 일부는 마트에서 알바라도 해서 학원비를 벌려고 한다. 어차피 자녀의 성적이 올라가면 그것으로 보상을 받기 때문이다.

  뉴스를 통해 면접을 잘 보게 하는 면접 준비 학원이 있다는 것을 알 것이다. 학원 교육으로 큰 아이들은 면접도 학원에서 배운다. 그리고 그렇게 들어간 회사나 공기업에서 또 대인관계에 문제가 생기면 대인관계 솔루션을 가르치는 학원을 다닌다.

이 또한 수강생들이 많다고 한다. 나중에는 좋은 부모가 되는 방법을 가르치는 학원도 생길 것같다.

여기서 우리는 생각해봐야 한다. 도대체 무슨 광기로 이런 사회현상이 생기는 것일까? 왜 시험을 잘 봐야 하는 것일까? '잘'이라는 단어에는 숨겨진 비밀이 있다. 우리는 아무 생각 없이 '잘 살겠습니다' '잘 해 보겠습니다' '잘 하겠습니다'라는 단어를 사용한다. 사람은 '잘'이라는 단어를 쓸 때마다 경직되고 유연해지지 못한다. '잘'이란 단어를 빼고 '즐겁게'란 말을 사용해 보자. '즐겁게 살겠습니다' '즐겁게 하겠습니다'라고. 아이들에게 잘 하라고 하지 말고 즐겁게 하라고 해보자. 즐겁게 공부하고 즐겁게 시험치고 즐겁게 놀고 즐겁게 삶을 살아가라고 해보자.

공부를 잘 할 필요는 전혀 없다. 노벨상 탈 것도 아닌데 왜 공부를 잘 해야 하는가? 공부는 즐겁게 하는 것이고 시험도 즐겁게 치는 거라고 가르치자. 삶의 모든 순간을 즐기는 자세를 어릴 때부터 가르쳐야 한다. 그럼 그 아이는 모든 순간을 긍정적으로 받아들이며 그 모든 순간을 해결하는 힘이 생겨 튼튼한 성인으로 성장한다.

'공부를 잘 한다'의 패러독스는 철저하게 이 사회가 만든 독설이다. 그것을 아이들에게 강요하지 말자. 그렇게 성장한 아이들는 자신의 두 발로 절대 일어설 수 없다.

1등이 되고 싶은 고등학생

준엽이는 이번 중간고사에서 1등이 되고 싶었다. 처음에 준엽이 어머니께서 오셔서, 아들이 공부를 열심히 하는 것 같은데 성적은 안 나오고 자신이 봐도 한 만큼 안 나오니 이유가 너무 궁금하다며 상담을 왔었다. 일단 준엽이의 사주를 받아 팔자를 풀고 지금 들어와 있는 인생의 5년간의 흐름을 파악하였다. 준엽이가 반에서도 학교에서도 1등을 못할 이유는 없는 상태였다. 그래서 어머니에게 준엽이와 직접 상담해 보고 싶다고 했고, 준엽이가 직접 방문해 상담을 해 보고 이유를 알게 되었다.

2시간 상담하는 동안 준엽이는 입으로 "열심히 하는 데도 안 된다."는 말을 수백 번 하고 있었다. 일단 준엽이에게 말의 진정한 정체와 말에 의해서 하느님의 힘이 해방되어 말한 내용 그대로 하느님의 힘이 이뤄진다는 논리를 차분히 이해시켜 주었다.

만약 준엽이를 반에서 바로 1등이 되게 하는 하느님의 힘이 2,000단위라면, 준엽이가 "나는 1등이 되고 싶다." "1등이 되게 해주세요."라는 한 번의 선언으로 해방되는 하느님의 힘이 0.05단위이다. 준엽이가 이 선언을 100번 했다면 5단위의 하느님의 힘이 준엽이를 1등이 되도록 이끈다. 5단위만큼의 힘이 준엽이의 마음을 잡게 하고 1등이 되는 데 필요한 공부 자세와 함께 주변 친구들도 정리하게 만든다. 1등이 되는 데 도움이 되는 친구를 붙이며, 1등이 되는데 불필요한 친구들은 멀어지게 한다. 준엽이가 이 선언을 100번을 더 한다면 준엽이를 1등이 되게 하는 하느님의 힘은 10단위가 된다. 그 즉시 1등이 되게 하는 하느님의 힘이 2,000단위라고 했으니 그 힘에 비하면 턱없이 모자라지만 2,000성과 10성의 차이는 강도의차이이며 이 차이는 바로 1등이 즉시 되게 하는 힘과 1등이 10개월 뒤에 되게 하는 힘의 차이일 뿐이다. 준엽이가 이 선언을 통해 1등이 되게 하는 하느님의 힘을 더욱 해방하여 1,000단위의 힘을 해방하였다면 분명 준엽이는 바로 다음 시험 때 1등을 하게 된다. 1,000단위의 힘은 바로 그 일을 이루게 한다.

그런데 준엽이가 10단위의 하느님의 힘을 해방시킨 상태에서 "왜 이리 공부가 안되나?" 이번에 1등 못하면 어쩌지?" "그냥 3등을 목표로 할까?" "공부는 하는데 왜 성적이 안 오르지?"라는 말을 한다면 바로 이 말의 법칙에 의해서 공부를 방해하는 하느님의 힘, 1등을 방해하는 하느님의 힘, 시험 볼 때마다 망치게 하는 하느님의 힘이 해방되어 1등을 만드는 하느님의 힘과 상극을 이루게 된다. 1등이 되게 하는 하느님의 힘 10단위와 1등을 방해하는 말을 하는 2단위의 힘이 해방되어 '10-2'라는 공식에 따라 1등을 방해하는 하느님의 힘은 8단위가 된다. 10단위의 힘일 때, 10개월 뒤에 1등이 되게 하는 힘이 8단위의 힘이 되어 버렸으니 13개월은 더 기다려야 1등이 되며, 준엽이가 1등을 방해하는 말을 계속하면 할수록 그 말과 이어진 하느님의 힘이 계속 해방되어 결국 고등학교를 졸업할 때까지 1등을 못하게 된다.

준엽이에게 정말 원하는 것이 1등인지, 1등이 되지 못한 자신의 두려움을 수많은 핑계 뒤에 숨기는 것인지를 확인했다. 그리고 준엽이가 1등이 되기 위해서는 1등이 못되는 것에 대한 두려움을 철저히 없애주어야 했다.

자전거를 탈 때 수없이 넘어졌던 경험을 되살려 주었고 포기하지 않고 도전했던 모습을 기억나게 해 주었다. 준엽이는 그때 넘어져도 반드시 타고 싶다는 생각뿐이었던 자신의 모습을 기억했다. 그것은 지금 학교에서 1등이 되는 문제와 똑같음을 알려주었다. 4등이 되든, 7등이 되든, 10등이 되든, 항상 1등이 되고 싶다는 열망으로 타올라야 한다고 말했다. 그리고 제일 중요한 법칙을 알려주었다.

말을 하면 그 말과 이어진 하느님의 힘이 그 말을 이루기 위해 해방된다는 원리와 지금 준엽이가 하는 "공부는 하는데 성적이 안 나와요"란 말 때문에 실제로 현실도 계속 그렇게 된다는 것을 이해시켰다. 준엽이는 1년 뒤 원하는 1등을 거머쥐게 되었고, 원하는 대학에도 들어갔다.

"나는 1등이 되고 싶다."

"나는 1등이 될 수 있다."

준엽이는 이 말을 계속 반복해서 말했다. 당신의 실패는 단지 지금 당신의 상태를 알려주는 척도일 뿐이다. 긍정의 언어로 실패를 극복하자.

예쁜 애인이 생기기를 바라는 남자

승우씨가 나를 찾아온 것은 늦은 저녁이었다. 밤 10시가 다 되어 상담을 했다. 직장에서 항상 늦게까지 일을 해야 한다는 승우씨의 바람은 예쁜 애인이 생기는 거였다. 자신은 학벌도 안 되고, 키도 작고, 차도 국산 차고, 집도 월세에서 살아 애인이 안 생긴다는 별별 이유를 다 대고 있었다.

차분히 이야기를 듣고 있다가, 당신이 지금 하는 말들은, '나에게 애인이 안 생겼으면 좋겠다.'고 하는 말과 같음을 말해 주었다. 당신은 아무리 입으로 '애인이 생겼으면 좋겠다'고 말해도 이미 '나에게 애인이 생기지 말라'고 말하는 것이라고 알려주었다. 그리고 하느님의 힘에 대해 설명하고 하느님의 힘을 해방시키는 법 중 하나가 말이라는 것과, 이 말의 사용법이 선언인 것이라는 것을 알려 주었다. 당신이 하는 모든 말의 형태가 전부 선언이 되는 것이다.

승우씨에게 한 번에 최고의 애인이 생기는 하느님의 힘이 4,000단위의 힘이라고 하자. 승우씨가 "나에게 정말 맘에 드는 애인이 생겼으면 좋겠다."라는 선언을 통해 해방되는 하느님의 힘이 0.2단위의 힘이다.

승우씨는 이 선언을 100번 했다면, 총 20단위의 하느님의 힘이 해방된다. 그리고 이 해방된 하느님의 힘이 승우씨에게 최고의 애인을 가져다주기 위해 일을 한다. 물론 즉각 애인이 생기게 하는 하느님의 힘이 4,000단위이니 지금 승우씨에겐 20단위 그러니 당연히 애인이 생기는 데는 시간이 걸린다. 하지만 승우씨가 매일 선언을 계속하면 하느님의 힘은 더욱 해방되어 100단위 힘이 되었다면 애인이 더욱 빨리 생기게 됩니다.

하지만 100단위 힘까지 해방한 상태에서 승우씨가 "내 키가 작은데 애인이 생길까?" "내 학벌에 애인이 생겨봐야 그렇고 그런 애겠지" "내 사는 모습이 이런데 애인이 생기겠나?" "내 팔자에 애인이 생긴다 해도 결혼까지는 무리야"라는 식의 선언이 모두 '나에게 제대로 된 애인이 생기지 말라'는 선언과 똑같다. 이 선언을 통해서 애인이 생기지 않게 하는 하느님의 힘이 0.2단위 힘만큼 계속 해방되고, 곧 그 힘이 20단위만큼 될 것이며, 결국 애인이 생기게 하는 하느님의 힘과 애인이 생기지 않게 하는 하느님의 힘이 공존하여 간단한 산수공식으로 답이 나온다.

(애인이 생기는 힘 100단위 - 애인이 생기지 않는 힘 20단위
=애인이 생기는 하느님의 힘 80단위)

승우씨는 오랫동안 부정적인 선언만 해왔다. 그 오랜 부정적인 선언이 바로 애인이 생기지 않게 하는 선언이기 때문에 상상을 초월하는 하느님의 힘이 해방되어 무려 6,000단위의 힘을 이룬 것이다.

그렇다면 승우씨는 애인을 생기게 하는 하느님의 힘을 6,000단위 이상을 더 해방시키고 그 다음도 계속 애인이 생기게 하는 하느님의 힘을 계속 해방시켜야 비로소 애인이 생기게 된다.

이렇게 오랜 기간 승우씨는 스스로 애인이 생기지 않게 하는 하느님의 힘을 해방시켜 놓았고 그 힘 때문에 애인이 생기려 해도, 자신도 알 수 없는 이유로 애인은 생기지 않았던 것이다.

나는 승우씨에게 간단히 이 원리를 알려 주었다. 이미 오랜 기간 자의든 타의든 부정적인 말들로 해방시킨 애인이 생기지 않게 하는 6,000단위의 힘과, 당신에게 즉각 최상의 애인을 만들어주는 4,000단위의 힘이 있는데, 이때 한 번의 선언으로 해방시켜 애인을 만드는 힘이 0.2단위의 일 때, 정확하게 애인이 생기지 않게 하는 6,000단위의 힘을 0단위로 만들어야 당신에게 애인이 생기게 하는 힘이 현실적으로 일을 할 수 있다.

즉 당신은 "나에게 최상의 애인이 생겼으면 좋겠다."는 선언

을 30,000번 소리 내어 외치거나 속으로 외쳐야, 기존의 애인이 생기지 않게 하는 하느님의 힘인 6,000단위 힘을 0단위로 만들 수 있다. 그러면 30,001번째 선언부터 해방되는 하느님의 힘이 현실적으로 애인이 생기도록 일을 한다.

승우씨는 이 간단한 진리를 이해한 후 "자신에게 애인이 생겼으면 좋겠다." "애인이 생길만큼 나는 가치가 있다." "나는 충분히 매력적이다."라는 선언을 끝없이 하면서 절대로 부정적인 생각은 하지도 말하지도 않았다. 그 후 승우씨는 8개월이 지나 예쁜 아가씨와 함께 궁합을 봐달라며 찾아왔고, 이제는 행복한 가정생활을 하고 싶다는 선언을 하고 있다.

자살하고 싶은 의사

소개를 받아 왔다면서 점심에 내과개원 의사가 찾아 왔다. 그와 차분히 얘기를 나누면서 그는 어쩔 수 없는 효자란 것과 결혼도 자신의 뜻과는 전혀 무관한 그의 어머니가 맘에 들어 하는 여자와 했다는 것을 알게 되었다. 그 병원 터는 장인어른 건물이었는데, 그것을 어머니가 동네방네 자랑하고 다니는 상황이었다. 보통 이쯤 되면 의사들은 마음 둘 곳을 한두 군데 만든다. 애인이라든가? 자신만의 취미생활이라든가? 공부나 학문에만 더 매진하면서 그런 스트레스를 푼다. 이분은 그런 심성이 되지 못했다. 모질지 못한 것이다.

자신의 어엿한 모습을 보이고 싶었으나 집안이 평범하다보니 매사 처가의 도움을 받는 일이 계속 생기는 상황이었다. 부인에게도 미안함을 넘어 기가 죽어 있는 상태였으며, 부인과의 잠자리도 언제부터인가 갖지 못한 상태였다.

병원 일도 재미가 없으니 나날이 손님은 줄어들고 이 핑계 저 핑계를 만들어 병원을 빠지는 상태였다. 자신은 그저 죽고 싶다고 했다. 어머니의 뜻대로 공부하고 어머니의 뜻대로 의대를 가고 어머니의 뜻대로 부잣집 여자와 결혼도 했다고 한다. 분위기에서 생기를 찾아볼 수 없는 상태였다. 나를 찾아온 것은 자신이 마지막 선택을 하기 전에 자신이 이렇게 죽을 운명인지를 확인하러 왔다고 했다.

나는 이분에게 죽을 운명 같은 것은 없으나, 당신은 이 상태로 가면 분명 6개월 안에 자살할 것이라고 했다. 이분은 가만히 5분 정도 바닥만 바라보다가 자신이 어떻게 하면 될지를 알려 달라고 했다. 나는 어떻게 살고 싶은지를 먼저 물었다.

"저는 선생님, 조용한 바닷가 시골에 작은 의원 하나 차려서 일이 끝나면 자전거 몰고 해변을 달리면서 출퇴근하고, 휴일에는 그 바닷가에 조용히 앉아서 바다를 보고 싶습니다."

"정말 살고 싶다면 이제부터 내가 말한 대로 1년을 살아야 합니다."

첫째, "나는 정말 자유롭게 살게 되었다. 그것 참 좋다." 이 말을 하루에 100번 소리 내든 속으로든 외치든 해야 한다.

둘째, 자신이 정말 원하고 하고 싶은 것 10가지를 매일 수첩에 메모한다. 그것이 매일 달라도 상관없다.

그는 그렇게 충실히 수행하였다. 자유롭게 살고 싶다는 선언을 통해 그를 자유롭게 만드는 하느님의 힘이 하나씩 하나씩 해방되어, 자유롭지 못한 삶을 살게 한 하느님의 힘을 상쇄시켰다. 그리고 매일 10가지씩 자신이 원하는 것에 집중하게 함으로써 살고 싶다는 자연스러운 선언을 하게 했으며, 이 선언에 따라 원하는 것을 이루어주시는 하느님의 힘이 계속 해방되어 이 의사를 감싸게 되었다.

6개월 뒤 다시 찾아왔을 때, 그는 이미 눈에 생기가 넘치고 있었고 잘못된 결혼으로 자신도 아내도 불행했던 결혼생활을 정리할 용기가 생겼으며, 어머니에 대해서도 이상하게 신경 쓰이거나 두렵지 않게 되었다고 했다. 장인어른도 더 이상 무섭지 않았으며, 왠지 모르게 기분이 늘 좋았다고 했다.

자신이 원하는 것을 그동안 10가지 이상씩 매일 쓴 노트를 내게 보여 주었다. 나는 재미있는 것을 발견했다. 어느 날부터인가 자신이 원하는 것이 20개 이상씩 적혀 있었다. 나는 무릎을 치며 "당신은 이제 살았습니다."라고 말했다. 원하는 것이 많을수록 소망의 선언이 이뤄지고 그 사람을 살게 하는 하느님의 힘이 더욱 강대하게 해방되기 때문이다.

 1년 뒤에 이혼했고, 어머니와의 잘못된 관계도 청산했다. 처음에 그는 어머니와의 관계를 정리하는 것이 무척이나 큰 불효라고 생각했었다. 과연 그렇게 하면 어머니가 슬퍼하지 않을까란 걱정을 많이 했었다. 하지만 자식을 자신의 소유물로 생각하고 그것을 통해 보상을 받으려는 어머니의 자세는 잘못된 것이라는 점을 말해 주었고, 어머니 일은 하느님이 알아서 하게 맡겨 두고 당신은 당신의 삶을 살라고 말했다. 신이 당신에게 바라는 건 효자 노릇이 아니라 가슴 뛰는 삶을 사는 것이라고 말했다. 지금은 강릉에 개원하여 큰 리트리버 한 마리를 키우면서 예쁜 간호사와 결혼해 새로운 행복을 찾아가고 있다.

시크릿대로 했는데 안 된다고 찾아온 대학생

 영적인 것에 무척이나 관심이 많은 대학생이 찾아왔다. 닐 도널드 월시의 〈신과 나눈 이야기〉 시리즈를 모두 외우고 있었고 나름 인생의 목표도 뚜렷했었다. 그런데 그 학생은 〈시크릿〉이란 책을 보고 영적인 지식이 완전히 깨달음으로 고착되는 느낌을 받았다 했다. 문제는 〈시크릿〉과 〈신과 나눈 이야기〉와 〈꿈꾸는 다락방〉이란 책에서 소개한 대로 해봐도 자신의 인생이 변화되는 것은 아무것도 없었다고 했다. 원하는 여학생과 사귀고 싶어도 그 여학생은 계속 자신을 밀어내고 있고 성적도 오르지 않았으며, 교우관계도 별로 신통치 않았다고 했다.

나는 우선 그 대학생에게 하느님의 힘이 상상이나 말로 표현되는 것이 맞다고 알려 주었다. 당신이 지금까지 말하고 상상해 온 모든 것들에 의해 해방된 하느님의 힘이 지금의 당신을 만든 것이라고…

지금까지 당신이 말이나 상상으로 해방시킨 하느님의 힘이 40,000단위의 힘이라면, 당신은 그만큼을 상쇄시켜야 변화하는 당신을 체험하게 될 것이다. 예를 들어 나는 별로 매력적인 사람이 아니야-나는 별로 인기가 없어, 여자들은 나 같은 스타일 싫어 할거야, 혼자도 괜찮아, 혼자도 재미있어, 나는 혼자 책 보는 게 좋아. 이 모든 패턴의 말과 생각들이 '나는 매력적인 사람이 되는 것을 원하지 않으며, 당연히 나를 좋아하는 여자도 없어야 한다'는 표현의 선언과 동일하다.

따라서 학생이 21년간 의식적이든 무의식적이든 내뱉은 말과 생각에 의해서 해방되어 형성된 하느님의 힘이 40,000단위의 힘이 된다면 당신은 이것을 상쇄시킬 선언 즉, "나는 최고로 매력적인 남자이고 싶다=나는 정말 매력적이다=나는 최고의 인기남이 되고 싶다"는 선언을 계속해야 한다.

또한 이 반대되는 한 번의 선언으로 해방되는 하느님의 힘이 0.05단위라 할 때, 당신은 800,000번의 선언을 소리내어 말하든 생각으로 말하든 해야 한다. 그래야 당신을 매력 있게 만드는 하느님의 힘이 40,000단위 힘이 되어, 기존의 당신을 매력적이지 않게 만들었던 힘을 완전히 상쇄시키고 그 다음부터 선언하는 800,001번 째의 선언을 통해 해방되는 하느님의 힘인 0.05단위부터 당신을 매력적이게 만들기 시작한다.

〈시크릿〉에 소개된 것도 진리이며, 〈신과 나눈 이야기〉에 소개된 것도 일부 사실이며, 〈꿈꾸는 다락방〉에 소개된 것도 진리이다. 하지만 그 내용대로 했는데, 바로 효과를 보지 못했다는 것은 바로 이 단순한 산수의 논리로 설명할 수 있다. 당신이 자의든 무의식으로든 스스로 해방시킨 당신을 불행하게 만드는 하느님의 힘을, 당신을 행복하게 만드는 하느님의 힘으로 해방시켜야 한다. 대부분 이 과정이 지루하고 오래 걸리다 보니 진리를 들어도 그냥 포기하고 손에서 놓아버리게 된다.

부부생활의 사주팔자

　부부생활을 할 수 없는 사주팔자가 있다. 반면 부부생활을 해야 하는 사주팔자도 있다. 여기서 말하는 부부생활은 단순히 혼인신고를 했느냐의 기준이 아니다. 한 사람과 40년 이상을 살아가는 기질에 대한 것이다. 부부생활이 깨진 분들과 상담을 해보면, 그 원인을 상대에게 미루는 경우가 종종 있다. 하지만 세상 이치는 손바닥도 마주쳐야 소리가 나는 법, 결국 부부생활이 깨지는 원인은 쌍방의 문제인 것이다.

　"나는 결혼생활을 유지하며 자식들을 키우고 싶었는데 배우자는 전혀 그렇지 않습니다."

　이렇게 말한다면, 이것은 당신에게도 문제가 있다. 결혼생활을 유지하지 못하는 사주팔자의 기운으로 형성된 분들은 결혼이 유지되지 않는 배우자하고만 인연이 이어진다. 그래서 그들의 결혼생활은 지옥으로 변한다. 결혼의 초기 몇 년간을 지탱시켜 주었던 성적인 끌림과 욕망이 더 이상 효과를 발휘할 수 없게 되면 이 문제는 서서히 수면 위로 올라온다.

　부부생활을 할 수 없는 사주팔자의 기운을 가진 분들은 그럼 '평생 혼자 살아야 하나' 하겠지만, 신은 정말 재미있는 분이라서 해법 또한 사주팔자 안에 넣어 둔 경우가 많다. 이런 분들은 사주팔자 안에 연예인 기운을 갖고 있는 경우가 많은데, 그렇다고 연예인이 된다고 해서 부부생활을 계속 할 수 있느냐면 그것도 아니다. 연예인 기운을 가진 사람들은 우선 직업군이 반드시 확실해야 한다는 뜻으로 해석하면 된다. 그것이 바로 상관傷官이라는 기운이다.

　상관의 기운은 40년 이상 할 수 있는 직업군이 좋다. 그래야 상관을 갖고 있는 분들의 결혼생활은 강물 위를 흘러가는 배처럼 수월해진다.

　어떤 직업군이라도 상관없다. 단지 연예인 기운을 품고 있기 때문에 사람들의 시선을 받을 수 있거나 사람들과 어울리는 직업군이 좋다. 그래서 상관을 품고 태어난 분들은 프로사업가나 프로장사꾼으로 한 분야의 전문가로서 성장하고 있거나 연예인으로 성장하고 있으며, 적어도 뭔가를 제대로 가르치는 프로강사로 성장해야 삶의 여러 문제들이 해결되고 상승하는 힘이 계속 모인다. 이렇게 직업군으로 자리 잡고 있거나 성장하고 있는 상황에서 결혼해야 그 결혼이 오래 유지되고 사람들이 말하는 행복도 느낄 수 있는 것이다.

　여기서 놓치면 안 되는 것은, 결혼했다고 그 직업을 손에서 놓아버리면 상승하던 흐름은 끝나고 삶의 여러 상황들에서 참패를 맛보게 된다는 점이다. 만약 여러분의 결혼생활이 너무 답답하고 힘이 들다면, 여러분 자체의 문제가 아닐지 생각해보자. 그리고 해법을 찾아서 풀어내야 한다. 배우자를 바꿔 행복할 수 있다고 생각한다면 틀린 생각이다. 사람의 기운이 현실을 만들기 때문에 기운이 선하게 풀어지지 않는 한 불편한 현실은 무한 반복될 뿐이다.

부부생활을 답답하게 느끼는 아내

지민씨는 처음 찾아왔을 때, 자신이 얼마나 억울하고 분노할 수밖에 없는지를 1시간동안 계속 말하며 울었다. 뭔가를 말해주기보다는 들어주는 것만으로도 상대방의 아픔은 치유된다. 하지만 문제는 상담이 끝나고 나면 다시 가정으로 돌아가야 한다는 것이었다. 치유는 치유고 아픔과 상처는 계속된다.

지민씨에게도 약간의 문제가 있지만 남편에게 모든 근원적인 문제가 있었다. 남편은 권위적이고 아내에게 순종하는 모습만을 바라며, 부부관계에서도 소극적인 지민씨의 태도를 많이 답답해하여 이에 만족하지 못하고는 다른 여인에게 살짝 정을 해소하는 상태였다. 지민씨에게 물었다.

"정말 원하는 것이 무엇인가요?"

"행복이요."

"남편과는 어떻게 하고 싶으세요?"

"남편과 잘 지내고 싶어요."

나는 당신을 행복하게 할 수는 있지만, 남편과의 관계를 잘 지내도록 하기는 힘들다고 했다. 그 이유는, 당신 남편은 지금 당신에게 100% 순종과 100% 잠자리의 만족을 바라고 있는데, 당신은 지금 당신의 행복을 원하고 있다. 그것은 서로 상충된다. 당신이 남편과 잘 지내기 바란다면 당신은 철저히 남편의 요구를 들어줘야 하는데 그렇게 할 수 있겠느냐고 물었다.

지민씨의 남편은 매사 자신의 생각이 무조건 옳다고 주장하는 지세지형*持勢之刑*이라 불리는 기운을 갖고 태어난 사람이었다. 조건이 좋다며 지민씨 집에서 반강제적으로 시켰던 결혼인지라, 결혼 후부터 시작된 식체 증상은 어쩔 수 없는 결과였다.

지민씨는 이야기를 차분히 듣더니 이렇게 말했다.
"그럼 어떻게 하면 될까요?"
나는 지민씨에게 다음과 같이 계속 선언하라고 말했다.
"나는 정말 행복해지고 싶다."
"나는 완전한 자유를 누리고 싶다."
"나는 기쁨을 누리고 싶다."

지민씨가 이렇게 자신 안에 있는 하느님의 힘을 해방시키자, 지민씨를 기쁘게 하기 위해 하느님의 전지전능한 힘이 활동하기 시작했고, 그 힘이 지민씨와 남편을 이혼하게 만들었다. 원래 플로리스트가 꿈이었던 지민씨는 미국으로 유학을 다녀왔으며, 좋은 인연이 계속 이어져 지금은 플로리스트로서 자리를 잡아가고 있다.

어떤 일이 너무 답답하고 힘들다면 이미 그 방법이 잘못 되었다는 것이며, 그것은 단순히 참고 살아서는 안 된다는 뜻이다. 사람들은 계절에 맞춰 옷을 갈아입는다. 같은 이치로 인생이라는 계절이 바뀌면 각각 인생의 때에 맞는 옷을 갈아입어야 한다.

사랑의 속도가 느린 여자와 너무 빠른 남자

흔히 사랑을 어떻게 정의하느냐에 따라 얘기는 달라질 수 있다. 또 여자들은 감성을 우선하기 때문에 속도가 느리고 남성은 육체적 확인을 우선하기 때문에 급하다고 할 수도 있겠으나 매우 잘못된 생각이다. 남성 중에도 감성적인 사람이 많고 여성 중에도 육체적인 확인을 중요시 하는 사람이 있다.

그러면 왜 이렇게 속도에 차이가 나는 걸까? 그것은 유년시절의 패턴 때문이다. 사랑을 따뜻하게 받고 보살핌을 받은 영혼들은 매사가 정직하고 매사가 평온하기 때문에 사랑을 하는 데 두려움이 없다. 상처를 받는 것에 대해서도 역시 두려워하지 않는다. 그래서 건강하게 사랑하고 건강하게 유지하며 건강하게 이별한다.

하지만 유년시절 애정결핍이나 부모의 무관심, 학대에 가까운 언어폭력을 경험한 어린 영혼들은 사랑의 시스템이 왜곡되어 버린 채 자란다. 그래서 근심과 걱정과 두려움이 사랑의 색깔이 되고, 사랑하는 속도가 지지부진해지거나 너무 빠르게 진행되어 확인부터하려는 기질로 바뀐다.

그런 사람들을 욕하면 안 된다. 모두 상처받은 사람들일 뿐이다. 하지만 그 상처는 쉽게 보정될 수 없다. 그래서 그 속도에 반응하는 상대를 만나지 못하면 영원히 충족되지 못한다.

지금 당신 자신은 어떠한 상처를 갖고 있는지, 그리고 상대는 또 어떠한 상처를 지니고 있는지를 살펴봐야 한다. 상대를 뜯어고치고 바꿀 생각은 하지 말자. 그들도 상처받은 사람들이다.

첩(concubine)을 둘 수밖에 없는 남자사주

여성분들이 읽으면 화나고 황당할 것 같지만 사주를 통해 기운 7개를 뽑아보면 일반적인 결혼의 형국과는 절대 맞지 않는 남자들이 100명 중 5명은 꼭 있다. 이분들은 근본적으로 이번 생을 자유롭고 어디에도 구속되지 않고 누구의 명령도 받지 않고, 어떤 것도 책임지지 않으면서 한평생 멋있게 살다가고 싶은 분들로, 그렇게 약속하고 태어난 것이다.

끝없는 성장 과정을 윤회라는 변화를 통해 각자의 영혼들은 이번 생을 어떻게 살고 싶은지를 계획하고 스스로 그 태어날 때와 부모를 선택하는 것이다. 그런데 태어나면 그 인격은 자신의 영혼이 이번 생에 무엇을 하려고 하는지를 모르게 된다.

   보통의 여성분들은 상담을 할 때 남편에 대해 울분을 토하고 어떻게 사람이 그럴 수 있느냐고 하시다가 울어버린다. 여러분 첩妾을 들일 수밖에 없는 남자의 기운은 그대로를 이해할 수밖에 없다. 이 남자랑 계속 결혼을 유지할 것이라면 말이다. 그것은 인간의 법이나 윤리로 잣대질 할 수 없다. 각각의 시기마다 그 남자에게는 첩이 들어오는 때가 정해져 있다. 그때를 찾아서 막는다고 한들, 그것이 그 남자에게 행복한 일인지, 아니면 그 아내에게 그렇게 하는 것이 행복한 일인지는 알 수 없다.

   이런 남자는 처음부터 결혼을 하면 안 되는 것이다. 이번 생을 결혼이라는 제도 안에 들어간다면, 결국 첩이라는 왜곡된 형태를 만들어야 결혼생활이 유지되는 형상이다. 남자의 사주가 이런 경우라면 결혼 자체를 피하는 것이 여러 사람에게 좋은 선택이라 할 수 있다.

사랑의 완성

   사랑의 완성은 결혼이 아니다. 사랑의 완성은 자아의 완성이다. 자신의 사랑에 대한 결핍을 채우는 것이 결혼이 되어선 안 된다. 그렇게 시작한 결혼은 반드시 파국을 맞는다. 자아가 완성되어 자신의 사랑이 넘쳐나서 그것을 나누어 줄 정도가 될 때 결혼해야 한다. 그 사랑을 다른 사람과 나누는 것, 그래서 풍요와 평안이 두 사람 사이에 계속 오가는 것이 사랑의 완성이다.

오늘 우리가 하는 결혼과 사랑의 한 표현인 연애의 패턴(date pattern)을 살펴보면, 거의가 자신들의 결핍을 바탕으로 이루어지고 있다. 그런 관계는 7년을 가기 어려우며 7개월도 힘들 것이다.

결핍은 절대로 충족되지 않는다. 오늘 당신 자신을 먼저 사랑하자. 자신의 삶을 사랑하고 당신의 가치를 스스로 칭찬하자. 서울대가 아니면 어떠하고 재산이 많지 않으면 또 어떠한가. 서울대 나온 신용불량자들이 수두룩하며, 고등학교 나와도 사회에 기부하면서 평화롭게 사는 사람은 많다. 신의 눈으로 보면 어떤 사람이 더 귀할까?

사랑의 패러독스

사랑, 참 좋은 것이다. 하지만 사랑하는 관계에서는 꼭 그렇지 않은 면도 있다. 남녀가 만나 서로 사랑을 시작하고 관계를 시작할 때, 그들은 사실 내면의 진짜 모습은 숨기고 상대가 좋아할 수 있는 면만을 부각시킨다. 그렇게 서로에 대한 이미지가 만들어지면서 서로의 관계는 시작되고 깊어진다. 그래서 사랑의 관계는 처음에는 아름다워 보이고 세상에 다시없을 것처럼 완벽해 보인다. 사랑하는 상대를 위하여 내 시간을 쪼개서 뭔가를 할 때도 그것이 기쁨이 되어, 상대방을 만나러 가기 전에는 옷을 입었다 벗었다 수차례 반복한다. 회사의 회식이 있어도, 사랑하는 연인을 만나기 위해 어떻게든 거짓말로 빠져나오며, 야근한 날에도 몇 십 킬로 떨어진 거리의 사랑하는 사람을 보려고 운전해서 간다.

하지만 관계가 지속되다 보면 그동안 억눌려있던 자신의 내면의 마음상태들이 올라오기 시작한다. 스스로 억눌렀던 다른 모습들에 대한 참아왔던 분노가 이제 상대에게 표현되면서 남녀의 싸움은 시작된다.

"오빠는 정말 여자 마음을 너무 몰라!"

"너는 내가 너를 만나기 위해 얼마나 많은 희생을 하고 있는지 알고 있냐?"

"사랑한다면서 그것도 못 참아?"

"나도 좀 쉬자, 어떻게 주말마다 계속 만나?"

"내가 큰 걸 바래?"

"친구들하고 술 마시고 있어 나중에 통화하자."

"지금 회식이야 나중에 통화하자."

자주 했거나 자주 들었던 말들일 것이다. 사랑의 관계 특히 남녀 관계에서의 문제는 사실 자기 내면의 문제인 경우가 많다. 자신의 문제를 타인을 통해 보상 받고 치유될 수 있다는 믿음이 사랑의 관계를 추하게 만들어버린다.

자신의 내면의 상처와 문제는 스스로 처리해야 한다. 그것은 마치 감정의 쓰레기를 가지고 살면서 다른 이들이 치워주기만을 바라는 것과 같다. 자신의 상처나 자신의 열등감을 상대를 통해 치유 받지 말아야 한다. 당신의 그 환상이 신께서 준 사랑이라는 최고의 선물을 가장 추한 관계로 만들어버린다.

열등감을 치유 받으려고 상대가 계속 원하는 모습만을 보이면서 시작된 관계는 결국 당신의 열등감만 더 커지고 모멸감으로 끝난다. 또한 당신의 상처를 치유 받을 수 있다는 환상에서 시작된 관계 또한 당신은 더욱 철저히 혼자일 수밖에 없다는 깨달음으로 끝이 난다.

타인이 원하는 모습으로 살지 말고 당신 모습으로 살아가자. 사람은 스스로 자신의 모습을 인정하고 자신의 현실에 만족하며 자신의 지금에 감사할 때 진정한 사랑을 할 수 있다. 그렇게 시작한 관계가 열매를 맺고 그 열매로 수많은 복이 창출되는 것이다.

인도에는 '사티아메바 자야테(Satyameva jayate)'라는 말이 있다. '누군가 패배할지라도 진리는 승리할 것이다'로 사랑의 관계에서 누가 이기고 질 필요는 없다. 올바른 사랑의 관계는 서로를 있는 그대로 인정하며 원하는 것 없이 감사할 때, 그 관계는 진리가 되고 열매를 맺는다.

세상 대부분의 사랑의 관계가 결국에는 악해지고 불행하게 끝나는 것은, 상대에게서 자신의 모자란 것을 채울 수 있을 것이라는 환상 때문이다. 환상에서 출발한 사랑의 관계는 절대로 진짜가 될 수 없으며, 열매를 맺을 수도 없다.

사랑의 패러독스는 당신이 스스로를 멋있게 바라볼 수 있을 때 깨어진다. 오늘 당신 스스로에게 말하자.

"나는 나로서 이미 가치 있고 충분히 멋있어."

"나는 나로서 이미 충만하다."

"나는 지금의 나에게 만족한다."

당신의 두 발로 굳건하게 서자. 그때 비로소 진짜 사랑을 할 수 있으며, 그렇게 시작된 관계는 열매를 맺는다.

사랑의 관계를 망치는 경우는, 관계의 투명성만을 강조하다가 표백화 되어 버리는 것이다. 관계가 서로 깊어지려면 우리는 서로에게 개인의 공간과 시간이 허락되어야 한다는 걸 알아야 한다. 사람들은 누구나 가면(페르소나)을 갖고 살아간다. 단지 가면의 두께 차이일 뿐 모든 사람들은 각자 하나나 두 개 이상의 페르소나(persona)를 갖고 있다.

가면은 반드시 필요하다. 남들은 절대 대수롭지 않게 생각할 수 있으나, 사랑하는 연인이 절대 신경 쓰지 않을 것이라 해도, 혹은 연인이 그것을 다 이해할 테니 말해 보라 하여도 절대 말하고 싶지 않은, 절대 어느 누구도 알기를 바라지 않는 자신의 모습과 과거는 있는 것이다. 가면은 절대로 상대에게 들키고 싶지 않은 내 모습을 감추는 무기이다.

사랑의 관계에서 너무 투명성만을 강조하다보면, 자신의 보여주고 싶지 않다고 생각하는 추한 모습을 결국 보여줘야 한다는 압박감(pressure)에 시달리거나 오히려 더 감춰야 한다는 강박(obsession)에 시달려 쓸데 없는 곳에 에너지를 쓰다가 지쳐서 그 관계를 모두 망치기도 한다. 대부분은 그 관계에서 무력감(helplessness)를 느끼며 그 관계를 욕하고 상대에게 분노하면서 끝난다.

당신이 사랑하는 연인이 있다면 그 연인의 모든 것을 알려고 하면 안 된다. 혹 알게 된다 하더라도 그것을 상대에게 말하지 않는다. 그것이 그 상대에겐 너무나 무겁고 숨기고 싶은 자신의 부분일 수 있기 때문이다. 당신은 그런 모든 것을 이해할 수 있다고 말해선 안 된다. 당신의 연인은 단지 그것을 모르기를 바랄 뿐이니까.

"사랑하는 관계에서 거짓은 없어야 하지 않나요?"라고 말한다면 당신은 사랑을 논할 자격이 없는 철부지 초등생일 뿐이다. 사랑은 절대적인 것이어야 한다.

씨앗이 땅속 어둠에서 자신만의 시간을 보내야 싹이 나고 자라서 꽃이 될 수 있듯이 모든 사랑의 관계에는 상대에게 자신만의 시간과 공간을 주어야 한다. 그래야 그 관계는 성숙해질 수 있는 시간을 가질 수 있고 관계는 깊어져 간다.

"제 남자친구는 절 사랑하지 않는 거 같아요. 그런데 결혼할 거냐고 물으면, 결혼할 건데 왜 그러냐고 그래요."라고 어느 여성분이 말했다. 나는 왜 그러는지를 물었다.

"친구 남친들을 보면 집에 들어가서는 '들어갔냐?' '씻었냐?' '보고 싶다' 이런 전화나 문자를 하는데, 제 남친은 전혀 그런 게 없어요. 사랑한다는 말도 제가 먼저 해야 하고…"

그때 그 여성에게 이렇게 말했다.

"당신은 사랑받는다는 느낌을 원하는 건가요? 이 사람과 평생 부부로 살고 싶은 건가요? 당신은 지금 떼 쓰는 어린애와 뭐가 다릅니까? 당신 남자친구는 당신과 결혼하기 위해 승진시험 준비를 밤새하고 있고, 부모의 도움 없이 집을 장만하기 위해서 대출을 알아보러 다니지 않나요? 그 남자는 당신에게 그렇게 알뜰히 챙기지 않아도 자신을 알아봐 줄 거라고, 이해해 줄 거라고 생각하는 거 같지 않나요? 다들 부모 도움 받으면서 집 장만

하고 결혼하는데, 당신 남자친구는 정말 기특하지 않나요? 전에 당신은 내게 호텔에서 결혼식 안 해도 되니 평생 갈 수 있는 좋은 남자 만나면 소원이 없겠다고 하지 않았습니까? 지금 하늘에서 당신 앞에 그 남자를 보내줬더니, 이제는 사랑 타령하고 있잖아요. 정신 좀 차리세요."

그 남자친구에게는 시간이 필요했다. 자신을 준비할 시간, 그리고 결혼을 각오할 시간, 그 시간이 2년 걸렸고 그 여성분은 2년을 조용히 기다려주었다.

결혼을 보채지도 않았으며, 겨울 어느 날 멋지게 프러포즈를 받았다. 지금은 그와 결혼해서 아이 하나를 두었고, 둘째는 태중에 있다. 나는 그 부부에게 참 기특하게 잘했다고 말했다. 두 아이 이름은 내가 지어주었으며, 앞으로도 계속 이 부부를 응원할 것이다.

사랑이 다른 게 아니다

지금 내가 하는 사랑은 예전에 했던 사랑과 다르다고, 우리는 큰 착각을 할 수 있다. 그렇지 않다. 사랑은 에너지(energy)이며, 당신이 가진 에너지는 언제나 동일하다. 유일한 차이는 당신의 사랑을 제대로 전부 다 받아주는 상대를 만났느냐, 못 만났느냐에 있다.

사랑은 저마다 차이가 있다. 그것은 질적인 차이가 아니라 양적인 차이이다. 당신의 연인이 하는 사랑과 당신의 사랑에는 차이가 없다. 사랑이라는 에너지는 동일하다. 상대의 사랑의 양이 100이라면, 당신의 에너지양이 50밖에 표현되지 않을 때 상대는 당신에게 온갖 서운한 마음에 자신을 사랑하지 않는다고 생각할 것이다. 100을 보냈는데 50밖에 돌아오지 않으니 충족되지 못한 것이다.

사랑에서의 차이는 발현 시점에 차이가 있다. 어떤 사람은 자신의 사랑이 한 달이 되기 전에 다 해방되어 100%가 표현되는 반면, 상대방은 사주의 기질상 그 사랑이 다 해방되는 기간이 1년이 걸릴 수도 있다. 이때 먼저 100% 해방된 사람은 지쳐 떠나게 된다. 사주의 기질상 사랑을 빨리 해방시켜야 좋은 사람이 있고 그렇지 않은 사람이 있는 것이다.

사랑은 에너지다. 결국 질적으로는 모든 사람들이 가지고 있는 사랑은 똑같다. 당신의 사랑과 상대방의 사랑의 유일한 차이는 사랑이 해방되는 시점의 차이와 그 시점에 해방되는 사랑의 양의 차이일 뿐이다. 그래서 너와 나는 맞네, 안 맞네 하며 서로에게 상처를 준다. 사랑은 언제나 똑같다. 당신이 변한 것이 아니다. 당신의 사랑을 완전히 받아들일 수 있는 상대를 못 만난 것뿐이다.

사랑에 대한 심화

　남자가 여자를 사랑할 때는 엄청난 집착을 보인다. 그 강한 집착이 여인을 구속하고 계속 신경을 쓰게 되는 것이다. 다른 남자들과 얘기하는 것도 싫고 다른 남자들에게 웃어주는 것조차도 용납되지 않는 것이 남성의 사랑이다.
　내 남자친구나 내 남편은 그렇지 않다고 말한다면, 그것은 잘못된 생각이다. 처음엔 분명 그리하였으나 여자와 너무 자주 다투고 여자가 자신의 맘에서 계속 어긋나는 것을 알아버리는 순간, 남자들은 그 집착을 거두어들이는 것이다. 그래서 그 여자를 포기하고 마음에서 내려놓는 것뿐이다.

　남자의 강한 집착은 상상을 초월하는 경우도 있다. 그리고 그것을 받아내는 여자가 그 남자의 모든 것을 소유하게 된다. 여인들이 남자를 사랑할 때 발현되는 집착의 상태를 잘 이용한다면 그 남자를 완전히 소유해 버릴 수 있다.
　어리석은 여인들은 남자의 집착상태를 견디지 못하고 답답하고 숨 막혀 한다. 의처증 증세가 있다는 식으로 남자를 이해하려 하지 않는다.
　남자가 당신에게 집착하지 않는다면 그것은 그 남자의 사랑이 줄어든 것이다. 그 남자가 당신을 이해해서 그런 것이 아니라 당신을 포기한 것이며 마음에서 내려놓은 것이다. 이런저런 이유로 그 남자도 힘들었을 것이다. 한번 포기된 사랑만큼 돌리기 힘든 것도 없다.

연애의 목적_1

모든 연애에는 목적이 있다. 사랑받고 싶다, 외로워서 그것을 충족 받고 싶다, 돈을 주는 물주가 필요하다, 잠자리 파트너가 필요하다 등등 여러 가지 이유가 복합적으로 섞여 있다. 정말로 상대방을 사랑해서 하는 연애는 드물다. 모든 연애는 집착과 보상과 거래가 요구되고 자연스럽게 그것들이 충족된다.

우리의 연애, 지금 당신이 하고 있는 연애를 잘 관찰해 보자. 당신의 사랑을 폄훼할 의사는 없으나 연애는 모두 거래이고 보상심리가 오가는 것이라고 할 수 있다. 당신은 100을 주면 10이라도 받기를 원한다. 그것이 상대방의 순종이든 다른 어떤 형태의 것이든.

지금 시대만 그런가? 아니다. 1000년 전에도 그랬고 1만 년 전에도 그랬다. 세상에 존재하는 모든 연애는 거래이며 보상기전이 움직이는 장사일 뿐이다. 그러니 선한 것을 주고 선한 것만 받자. 그것이 최상의 연애이다.

연애의 목적_2

　우리가 연애를 하는 이유는 무엇일까? 그것은 자신의 사랑이 움직이는 통로가 되어야 하는 것이고, 사람과 사람 사이의 움직임을 연습하여 자신의 사랑이 날마다 더욱 강대해지기 위해 연애를 한다. 연애의 원칙 중 하나는 '자신을 먼저 사랑하자'이다. 희생하는 사랑과 연애는 결국 치명적인 분노를 일으킨다.

　자신을 사랑하고 자신의 삶을 먼저 사랑하는 사람이 참 연애를 할 수 있다. 자아에 대한 사랑이 부족한 채 하는 연애는 사랑 중독 증상을 일으킨다. 상대에게 집착하고 상대에게 조금이라도 보상받지 못하면 상대를 욕하고 연애를 깨버린다. 그리고는 자신을 받아줄 새로운 사람을 찾게 되고 그런 행위들이 결국 결혼생활에도 그대로 적용된다. 연애의 연장은 결국 결혼생활이다. 연애의 목적은 자신을 사랑해주는 자를 만나 그것을 충족하는 것이 아니라 스스로를 사랑하고 아끼는 마음이 타인에게도 전해지는 행위이다. 우리는 사랑을 하는 존재이지 사랑을 구걸하는 존재가 아니다.

싱글과 돌싱의 패러독스

 사주팔자상 독신으로 살아야 하는 사람들이 있다. 더 정확한 표현으로는 어떤 누구와도 결혼이 유지되지 않는 경우이다. 이 경우는 크게 두 가지가 있다.

 첫째는 결혼생활을 하면 숨 막혀 죽을 거 같고 매사 답답하기만 해서, 이 체증 같은 것이 시간이 지날수록 더해지는 사람이다.

 둘째는 결혼생활을 시작하고 나서 이상하리만큼 하는 일이 계속 꼬이고 경제상황이 악화일로를 걷는 경우이다. 이것은 당신이 결혼생활과는 맞지 않는다는 것을 아주 단적으로 보여주는 표본이다.

 자의든 타의든 갔다 왔든 갔다 오지 않았든, 혼자 지내는 분들은 아직도 사랑을 꿈꾸고 있으며, 자신에게 딱 맞는 상대를 못 만났다고 생각하고 있다. 자신의 답답했던 결혼생활을 일정 부분 상대 탓으로 돌리는 것인데, 잘못된 생각이다. 결혼이 유지되지 못하는 이유는 결국 쌍방과실이다.

 개인적으로는 독신으로 사는 것에 찬성한다.

 호랑이는 호랑이로 살면 되고, 돌고래는 돌고래로 살면 되고, 코끼리는 코끼리로 살면 된다. 문제는 호랑이로 태어나서 돌고래처럼 살려고 하시니 문제가 되는 것이다.

어떤 남성분이 "결혼이 저하고 맞지 않는 것을 이미 알았는데, 아내에게 차마 헤어지자는 말을 못하겠다."라며 털어놓았다. 나는 그분에게 모든 관계는 정직해야 한다고 했다. 정직이란 착하다거나 법을 잘 지키는 것이 아니다. 정직의 참뜻은 나의 의사를 상대에게 정확하게 표현하는 것이다. 그 남성은 정직하게 아내에게 털어놓았고 아내와 같이 찾아 왔다. 그래서 서로 간에 말 못했던 부분을 공유하게 했다.

의외로 너무 쉽게 해결되었는데, 남편은 한 달에 3일간 휴대전화로 연락도 하지 않고 자유롭게 자신만의 시간을 갖기로 서로 협의가 되었다. 이후 남편은 양양에 14평 아파트를 구해서 한 달에 한 번은 그곳에서 바다낚시도 하고 수영도 하면서 혹은 설악산을 가기도 하면서 마음의 여유를 찾았다.

싱글로 살 수밖에 없고 돌싱이 될 수밖에 없는 운명은 존재하지 않는다. 진실은 결혼이라는 제도에 있다. 결혼하면 무조건 모든 것이 투명해야 하고, 서로 간에 거짓말은 하지 말아야 한다는 식의 생각 즉, 다른 것은 다 용서해도 거짓말은 안 된다거나 바람은 절대 안 된다거나 휴대전화도 잠그지 말라는 식의 우리 사회의 결혼제도는 투명성을 넘어서 오히려 표백화에 가깝다고 할 수 있다.

사람의 가장 근본 기틀은 의무감이 아니라 자유이다. 자유를 방종이나 무책임으로 착각하는 분들이 많은데 이것 또한 이 사회가 만든 단어의 역설이다. 마치 자유를 말하면 방종과 같이 취급되도록 세뇌된 교육 때문이다. 자유롭게 생각하며, 자유롭게 움직이며, 자유롭게 선택하는 것, 누구의 방해도 받지 않고 얼굴에 미소가 띄어지는 그 느낌이 자유다.

"선생님 저는 남편이 말만하면 답답해 죽겠어요. 속에서 아니라고 말하고 싶은데 남편은 자신의 말에 무조건 순응해야 대화를 끝내요. 내가 잘못했다고 해야 집안이 그나마 평온해져요"

이대로 가면 상황은 불을 보듯 뻔했다. 그 여성분은 분을 참지 못하고 폭발해서 큰 싸움이 계속되었고 결국 합의 이혼까지 갔다. 남성이 여성의 소유물일 수 없듯 여성도 남성의 소유물일 수 없다.

오늘날 결혼제도는 마치 두 남녀를 만나게 한 후 법이라는 명목 아래 혹은 안전한 울타리라는 환상을 심어준 채 두 사람의 발목에 서로 족쇄를 채운다. 족쇄가 채워졌으니 처음에는 마치 이것이 자신들을 보호해줄 것이라 생각하며 안정감도 느낀다. 시간이 지난 후 그 족쇄가 자신들을 파괴하고 있다는 것을 알아차린 후에는 두 가지 반응으로 나뉜다.

첫째는 적극적으로 그 족쇄를 풀어내려는 자, 둘째는 이미 늦었다고 생각하며 한쪽이 이끄는 대로 계속 끌려가는 자이다.

첫 번째 경우는 피 튀기면서 결국 그 족쇄를 풀어내지만, 두 번째의 경우는 결혼생활이 유지된다. 하지만 그렇게 끌려가는 삶을 사는 자의 얼굴에는 생기가 없어진다.

살고 싶은 사람과 살고 싶다. 사랑하는 사람과 살고 싶다. 그 마음이 잘못된 것은 아니다. 오히려 칭찬받아 마땅하다. 하지만 결혼의 문제만큼은 여러분들이 한 발 떨어져 흐림 없는 눈으로 현실을 보기 바란다.

사랑하면서 사는 것, 바로 결혼이라는 낡은 사고방식에서 당신이 벗어나지 못하는 한, 사랑하면서 사는 결혼은 서로 간에 족쇄를 채우는 행사가 될 뿐이다.

결혼하지 않아도 충분히 사랑하며 살 수 있으며, 결혼하지 않아도 충분히 행복할 수 있다. 내가 본 수많은 돌싱들이 다시는 결혼하지 않으려는 이유를 이제 결혼이라는 환상으로 들어가려는 사람들은 알아야 한다.

인간의 근본은 자유다. 서로 간의 발목을 묶는 족쇄가 있는 한 이 사회에서 이혼은 계속 증가할 수밖에 없다. 우리가 알고 있는 결혼제도는 빠르면 10년 안에 해체되고 붕괴된다. 아닐 것 같은가? 지켜보면 알게 될 것이다.

인간의 본성은 당신이 결혼제도와 맞든 맞지 않던 상관없이 자유롭다. 싱글들 비혼주의자들은 나날이 급증할 것이다. 뉴스에서 떠드는 것처럼 경제사정이 여의치 않아서 결혼을 포기하기도 한다. 하지만 그 이면을 응시하면 결국 자신들의 부모처럼 살지 않으려는 마음이 더 크다. 그것은 자유로움을 갈망하는 마음으로 그 단적인 표현이 욜로(YOLO;You only live once)이다. 단순한 사회현상은 아니다. 인간 본연의 자유로움을 무의식적으로 알아낸 것이다.

싱글과 돌싱의 패러독스는 결혼이 맞다 안 맞다가 아니라 자유로움의 중요성을 깨우친 영혼들일 뿐이다.

부모와 자식의 관계를 힘들어 하는 아이

어느 날 부모가 상담을 왔다. 자식이 너무 말을 안 들어서 자식 때문에 살기도 싫다고 했다. 그냥 편안한 맘으로 들어보면 자식에게 정말 큰 문제가 있는 것처럼 보인다. 하지만 좀 더 깊이 관찰하면 자식들이란 그 부모의 거울일 뿐이다.

부모는 자신들의 일을 매일 힘들어하면서 자식들에게는 열심히 공부하라고 한다. 왜 자신들의 일에는 행복해 하지 않는 것일까? 그러면서 '사회란 이런 것'이라고 말하며 본인은 패배자의 모습을 보인다.

여기서 말하는 패배나 성공은, 단순히 성공했거나 돈이 많거나 하는 그런 류의 것이 아니라, 당신이 지금 현재 하는 일에 감사하고 있으며 기뻐하고 있느냐의 판단이다. 지금 당신이 건물 청소부이든 돈 많은 사장님이든 그건 여기서 말하는 성공과는 아무런 상관이 없다.

당신이 지금 불만이 가득하고 화가 나며, 삶에 대해 저주만 나온다면 당신은 패배자이다. 그리고 당신의 자녀는 지금 그 모습을 그대로 닮아가는 것이다.

상담 오는 분들에게 사고 습관의 유전이란 말을 자주 사용한다. 부모가 자식에게 주는 유산 중 가장 중요하며 가장 강대한 것이 바로 사고습관의 유전이다.

당신은 지금 삶을 어떻게 살아가고 있는가? 그 사고방식이 당신의 자녀들에게 그대로 유전된다. 이것은 가장 위험한 일이며 가장 강대한 것이다. 아버지를 미워하는 자식들은 그 아버지가 원인이며, 어머니를 미워하는 자식들은 그 어머니가 가장 큰 원인이다. 이런 부모는 교육을 받아야 한다. 부모는 아무나 되면 안 된다. 부모가 제일 먼저 배우고 익혀야 할 삶의 자세는 성경에 기록하고 있다.

"항상 기뻐하라, 범사에 감사하라, 쉬지 말고 기도하라." 이것이 하느님의 평안이 너에게 임하는 가장 바른 방법이니라.

원인은 부모에게 있다. 자신들은 죽지 못해 산다는 식이면서 어떻게 자식들에게는 "공부 열심히 해라. 그래야 행복해진다"고 말하는가. 그런 말을 하는 부모는 자식에게 너도 공부를 죽지 못해 해야 한다는 것이라고 말하는 것과 같다. 죽지 못해 하는 공부가 어떻게 능률이 오르며, 어떻게 재미 있으며, 어떻게 기쁘겠는가?

자식과의 관계를 행복하게 만들고 싶은가? 그럼 간단하다. 당신의 직업이 무엇이든 상관없다. 지금 하는 그것에 열심을 다하고 그 일을 즐기며, 그 일에 감사하자. 당신의 그 모습을 보고 자라는 자녀들은 아주 자연스럽게 그들이 지금 하고 있는 공부에 감사하게 되고 열심을 다하게 되며 그 공부에서 기쁨을 찾는다.

부모에게

한국의 교육현실은 지옥 같다. 나도 그것을 통과했던 사람이니 부인할 수는 없다. 17살 어린 친구가 어머니와 함께 상담을 왔었다. 요는 아들이 앞으로 의대를 가겠냐는 것이었다. 어머니를 내보내고 그 친구와 상담을 하였는데 학교성적이 꽤나 좋아서 이대로의 흐름을 유지한다면 의대나 약대는 그냥 들어갈 정도였다. 이미 그 부모와는 상담을 몇 번 했던 터라 그 친구의 얘기를 듣고 싶었다.

학생은 공부는 하면서 제일 힘든 것이 어머니에게 좋은 성적표를 보여드려야 한다는 압박감과 해마다 반장을 해야 한다는 점이 힘들다고 했다. 왜냐하면 그 친구의 아버지는 밤마다 동네에서 소리를 지르며 술주정을 하여 이미 알코올 중독자로 소문이 난 터 였다. 생계는 학생의 어머니가 횟집을 하면서 하루하루 살아가는 형편이었으니, 그런 어머니에게 짐이 되지 않을 유일한 방법은 학교 성적이 뛰어난 아들로 동네에 소문나는 것이라고 했다.

그 친구는 결국 의대를 갔고 의대 졸업하기도 전에 어머니의 등살에 부잣집 여식과 결혼을 했다. 그 어머니에게는 상담 오실 때마다 이제 행복하시냐고 물었더니, 인생이 오늘만 같았으면 좋겠다고 했다.

그럼 아들은 어떨까? 이미 부부는 각방을 쓰고 있었고 자신은 하루 종일 병원에만 매달려서 그냥 죽지 못해 산다고 했다. 모두 때려치우고 이제는 당신 삶을 살라고 했더니, 어머니에게 그런 모습을 보일 수 없다며 어머니가 돌아가시면 그때 이혼을 하고 혼자 자유롭게 살겠다고 했다.

부모들에게 하고 싶은 말은, 지금 당신의 자녀도 이런 경우가 아닌지 묻고 싶다. 자녀들은 모두 부모의 기대에 부응하고 싶어 하며, 부모가 자신에게 실망하지 않을까 전전긍긍한다.

자녀들의 시작은 누구나 똑같다. 그러나 시간이 지나면서 차이가 나는데 이유는 무엇일까? 그건 부모들이 자식을 어떻게 대

하느냐에 달려있는 것이다.

확증된 바, 칭찬과 박수와 응원과 격려를 받고 자란 아이들은 설사 넘어지고 실패한다 해도 더욱 튼튼해지며 더욱 거대해져가며 부모의 기대에 반드시 부응한다.

그러나 끝없이 긴장하게 하고 끝없이 비교하고 분석하고 책망만 당한 아이들은 한 번 실수하면 다시는 제대로 일어설 수 없다고 생각한다. 그래서 크게 어긋나려 하며 자신은 사회에 적응할 수 없다고 생각하면서 부모와 결국 원수가 된다.

간혹 이런 부모도 있다.

"답답해 죽겠는데 어떻게 칭찬만 할까요?"

"잘못된 것이 보이는데도 응원만 하나요?"라고.

그렇다. 그럴 때일수록 더 안아주고 칭찬해야 한다. 부모와 자식의 관계에서는 마인드컨트롤이 작용한다. 자식들은 부모에게 듣는 바 그대로 성장하게 되어 있다. 욕과 비판을 듣고 자란 아이는 자신도 모르게 욕먹을 짓을 하고 비판받을 짓만을 계속한다. 오늘 당신은 자녀를 어떻게 대하고 있는가?

내 심장의 속도로 살자

사람들에겐 자신들만의 심장의 속도가 있다. 이 속도를 잘 관찰해 보자. 자신의 심장의 속도에 당신이 맞춰졌을 때, 당신은 최고의 행복과 평화와 안정감을 누릴 수 있다. 그러면 그때는 언제일까? 당신이 누구를 위해서도 아니고 바로 당신을 위해서 살 때이다.

당신은 지금까지 다른 이의 행복을 위해 살아야 한다는 관념에 사로잡혀 살아 왔다. 가족이 행복해야 내가 행복하다, 아내가 행복해야 내가 행복하다, 남편이 행복해야 내가 행복하다, 모두 틀린 말이다. 당신의 기쁨과 즐거움을 위해 살 때, 당신의 심장속도와 일치되며, 그때 당신의 주변도 모두 행복해지는 기적이 일어난다.

반면 당신의 심장의 속도를 초과해 버리거나 전혀 맞추지 못하고 있을 때는 언제인지도 알아야 한다. 그런 때는 당신이 다른 사람들에게 당신을 맞추려 할 때이다. 타인의 기대에 당신을 맞추려 할 때, 타인의 시선에 당신을 맞추려 할 때는 당신의 심장속도와는 불일치하게 된다. 따라서 여지없이 당신의 몸도 힘들어져 식체, 협심증, 위염, 역류성 식도염과 두통 등 다양한 증상이 나타나면서 당신에게 신호를 보낸다.

오늘 우리를 위해 뛰고 있는 심장의 속도를 맞춰보자. 당신이 당신 스스로 행복한 일, 당신이 정말 하고 싶었던 일을 당신의 여유와 당신의 속도로 천천히 해보자. 그러면 비로소 당신의 심장은 당신에게 최고의 평화와 안정을 가져다 줄 것이다.

당신의 결정과 관심과 상상과 생각을 통해 하느님은 계속
표현되고 있으며, 이 힘이 당신의 현실을 만들고 있다.

#4_넷 당신에 대한 메시지

삶의 목적은 기쁨이다

삶의 목적은 기쁨이다. 성공이 아니다. 대부분은 이 점을 오해하는데, 우리가 태어난 이유는 기쁨이다. 이렇게 말하면 어줍잖게 똑똑한 분들은 "그럼 기쁨만 누리면 되나? 막 살아도 되나?"라고 말할 수 있을 텐데, 그것은 삶을 너무 크게 오해한 것이다.

선한 흐름만이 이 인생을 관통하고 그 선한 흐름이 당신을 살려낸다. 신은 당신을 살리는 존재이지 당신을 벌하는 존재가 아니다. 이것을 먼저 정확히 받아들여야 한다.

삶은 기쁨을 추구할 때, 어떤 누구에게도 피해가 가지 않게 설계되어 있다. 당신의 기쁨은 무엇인지, 당신에게 주어진 삶의 낙은 무엇인지 생각해보자.

만약 당신의 기쁨이 돈을 많이 갖는 것이라면 그렇게 하라. 당신은 아무리 작은 돈에도 감사와 기쁨이 계속 일어날 것이다. 만약 당신의 기쁨이 로스쿨에 합격하는 거라면 분명 당신은 그것을 준비해가는 과정 내내 행복할 것이다. 왜냐하면 당신의 기쁨을 추구하고 있기 때문이다.

사람들은 이것이 되어야 행복할 거야, 이것을 가져야 기쁠 것이야, 이렇게 생각하지만 사실 신은 인간을 그렇게 만들지 않았다. 우리는 기쁨을 추구하는 그 과정에서부터 무한한 기쁨과 충만을 누린다. 그리고 그것이 이루어졌을 때, 당연한 듯이 "그렇지 이것이 내 기쁨이야."라고 말하며 더 큰 것을 자연스럽게 발견하고 또 집중하고 추구한다. 왜냐하면 우리의 삶의 결과는 확장과 성장이기 때문이다.

우리는 그 어떤 것에도 절대적인 완전한 만족을 누릴 수 없다. 그것은 나쁜 게 아니다. 우리의 목적은 기쁨이지 만족이 아니기 때문이다.

장사하는 것, 사업하는 것, 나의 것을 하는 것

이것은 평화를 포기하는 것과 같은 말이다. 사업이나 장사를 시작한 후 1년 뒤쯤 정말 이 사업이나 이 장사가 나한테 맞나하고 생각하는 사람들은 대부분 사업과 장사의 참뜻을 모르고 시작한 분들이다. 사업을 한다는 것, 장사를 한다는 것은 자신의 사생활을 포기하는 것이며 자기 삶의 평화도 포기하는 것이다.

사업을 시작한 당신에게는 하루가 멀다하고 사건, 사고가 일어나며 처리할 일들은 산더미처럼 쌓여 간다. 대부분 처음 1년은 곧 나아지겠지 하는 착각으로 버티다가 그 1년이 지나면서 왜 이럴까? 이 사업이 나랑 안 맞나? 이 장사가 나랑 안 맞나? 이런 생각을 하기 시작한다. 그리고 2달 후 접을 생각을 하고 다시 또 새로운 장사나 사업을 찾는다. 이런 식이라면 천년을 해도 사업이나 장사로는 돈을 벌 수 없다. 오히려 손해만 본다.

장사나 사업을 시작하는 분들은 40년 지속할 생각으로 시작해야 한다. 40년 할 마음으로 시작한다면 당신은 7년 뒤에 대박을 맞을 것이다. 하지만 단순히 열심히만 한다면 당신의 장사와 사업은 3년을 넘기지 못한다. 그렇지 않던가? 이것이 장사의 이치이고 사업의 이치이다.

사업이나 장사로 막대한 부를 이뤄낸 분들은 뜨내기식으로 장사하지 않는다. 40년 지속할 계획으로 천천히 배우듯이 시작하며, 사건 사고는 언제나 터지는 일로 당연하다 여기고, 그것을 처리해가는 것이 노하우라고 생각하는 분들이다. 오늘 혹은 몇 년 뒤에 장사나 사업을 할 계획이라면 당신은 먼저 장사의 이치와 사업의 도리를 깨우쳐야 한다. 마치 게임을 할 때, 그 게임의 룰을 정확히 인지해야 승리하는 이치와 똑같다.

장사의 기술

간단하면서도 명료하다. 즉, '목숨을 걸라'는 뜻이다. 성공한 대부분의 부호들은 목숨 걸고 장사해서 돈을 번 이야기를 그들의 일대기를 통해 확인할 수 있다.

"나의 부富가 상대보다……. 10배가 많으면 그는 나에게 비굴

해지고 100배가 많으면 그들은 나를 두려워하고 꺼리며, 1,000배가 많아지면 그들은 나의 심부름꾼이 되고, 10,000배가 많아지면 그들은 나의 노예가 된다."라고 사마천의 사기史記에 쓰여 있다.

  이 말은 주체자의 입장에서 풀면, 나의 부富가 상대보다 10배가 많아지면 나는 그들에 의해 존귀尊貴해지고, 100배가 많아지면 나는 그들의 두려움과 시기의 대상이 되고, 1,000배가 많아지면 나는 그들의 주인이 되며, 10,000배가 많아지면 나는 그들의 왕王이 된다는 뜻이다. 근자성공勤者成功, 부지런한 자가 성공成功한다는 뜻이다.

직원을 대하는 사장의 이치

  사장인 자는 직원을 신경 쓰면 안 된다. 신경 쓴다는 것은 계속 거슬리고 불편하다는 뜻이다. 그런 직원은 빨리 정리해야 한다. 보통 상담하다 보면 직원 때문에 속 태우는 사장님이 생각보다 많다. 그러면서 언제 좋은 직원이 들어올 수 있는지 묻는다.

  사장이 직원의 눈치를 보고 마음대로 할 수 없다면 그 회사나 그 가게는 제대로 운영되기 어렵다. 사장에게 직원이란 자신의 미진한 부분들을 채워주는 존재여야 하고 사장은 그런 직원을 보석처럼 아껴야 한다.

아무리 작은 가게이든 큰 주식회사이든 그 사업체가 제대로 되려면 사장의 스타일대로 밀고나가고 직원들은 그 뒤를 따라 일을 처리하는 것이 가장 이상적이다. 사장이 하려는 일에 무조건 부정적인 의견만을 내는 것은 좋은 직원이 아니다. 그것을 실현시킬 방법을 찾는 것이 좋은 직원이다.

만약 오늘 다루기 힘들고 껄끄러운 직원이 있다면 그 직원은 당신과 맞지 않다. 그런 직원은 직원의 이치를 놓친 것이다. 같이 가면 안 된다.

사장의 이치

사장은 꿈 꾸는 자들이 되는 것이다. 아주 작은 라면집에서 거대한 조직의 회사이든 수장이 된 자들은 모두 꿈이 있는 사람들이다. 그 꿈을 이루기 위해 두려움과 마주하고 판을 열고 나온다. 사장이 되는 자들은 하나같이 성공이나 자신이 원하는 것을 이루기 위해 미쳐 있는 사람들이다. 그리고 이렇게 미쳐 있어야 하는 것이 사장의 첫 번째 이치이다. 긴 역사를 돌아볼 때 이렇게 미쳐 있는 자들에 의해 역사는 계속 바뀌고 움직여 왔으며 개선되어 왔다.

사장이 되려는 분들은 사장의 이치社長之理致를 따라야 한다.

그러면 당신은 성공하거나 당신이 원하는 것을 현실로 만들어 낼 수 있다. 사장의 이치를 따르는 분들은 분명 국가정책과 공무원들과 사회적 시스템에 의해 발목이 잡힐 것이다. 이 때문에 분명 속도가 더디고 힘들어진다. 왜냐하면 사장의 이치를 따르는 여러분들은 몇 발자국 앞서 있는 몽상가들이기 때문이다. 그러므로 이 3가지 국가 정책, 공무원, 사회 시스템을 불신하거나 화내거나 할 필요 없이 천천히 나아가면 된다.

우리나라는 아직도 문신은 의료인들만이 할 수 있다는 말도 안 되는 법이 유지되고 있고, 반영구 화장도 의료법 위반인 나라이기 때문이다. 최근까지 네일아트 샵을 창업하려면 미용사 자격증이 있어야만 가능했다.

비의료인이 만든 의료재단은 무조건 비영리법인으로만 허가를 내주어 문제가 생기면 거의 사무장 병원이었다는 식으로 만들어 버린다. 그래서 뛰어난 재능을 가진 인물들이 다들 중국으로 건너가는 실정이다.

사장의 이치를 따르는 사람들은 10년 앞에 있는데, 사회 시스템은 일반인들 기준으로 10년 뒤에 있는 실정이다. 그래서 사장의 이치를 따르는 사람들에겐 20년의 괴리가 생긴다. 그러므로 사장이 되는 두 번째 이치는 바로 천천히 걸어가는 것이다. 당신의 뜻을 이루기 위해 불법은 하지 않는다. 답답하더라도 천천히 하나씩 하나씩 풀어 간다.

처음에 80년대에 노래방 개념을 들여왔던 사람들은 모두 망했다. 그런데 90년대부터 노래방은 대박이 나기 시작했다. 왜일까? 노래방을 뒷받침할 인프라가 전혀 준비되지 않았기 때문이다. 노래 가사와 노래를 연동시키는 프로그램이 너무나 초보 단계였다. 그때는 일본 프로그램 기반의 가라오께라서 여기서는 온통 일본 노래가 많이 불리는 이상한 상황이었다.

앞으로 사장이 되려는 사람은 첫째, 미쳐야 한다. 둘째, 천천히 하나씩 풀어나가야 한다. 이렇게 두 가지를 잊지 않는다.

직원의 이치

사장에겐 사장의 이치가 있고 직원에겐 직원의 이치職員之理致가 있다. 직원의 이치는 사장의 뜻을 헤아려 그가 원하는 것을 하고 그것을 이루는 데 필요한 정보와 필요한 자원을 알아내서 진행하는 일이다

직원들 중에는 간혹 크게 착각을 하는 사람들이 있는데 회사를 정의집단으로 착각하는 경우이다. 회사는 이익집단이지 정의집단이 아니다. 따라서 직원의 이치를 벗어나는 경우는 흔히 말하는 입바른 소리를 하는 경우이다. 안 되는 이유만을 말하고 안 된다고 포기를 강요하면서 동료들의 힘까지 빼버리고 자신의

잘난 면만을 계속 강조한다. 그걸 마치 바른 소리한다는 식으로 크게 오해하고 있다. 그런 일을 하고 싶은 사람이라면 시민단체에 취직할 것을 권한다.

당신은 지금 직원의 입장인가? 그러면 직원의 이치를 따르라. 어느 조직에 있든 가장 좋은 대우를 받게 될 것이며, 가장 귀한 대접을 받을 것이다. '그래도 입바른 소리를 해야 하는 거 아닌가?'라고 말한다면 당신은 왜 월급을 받는지에 대한 이해를 전혀 못하고 있는 것이다.

지금까지 만나본 거의 모든 성공한 사업가들은 모두 몽상가이며 두세 걸음 앞서 있는 선지자들이었다. 그들은 자신의 꿈을 이루어주는 데 도움이 되고 자신과 같이 꿈을 이루자는 뜻으로 당신에게 월급을 주는 것이다. 당신의 월급은 그런 의미이다. 입바른 소리만 할 것이라면 당신은 처음부터 월급을 받으면 안 된다.

직장인들에게

우리는 전부 성공이라는 하나의 단어에 세뇌되어 있다. 성공하느냐 못하느냐가 사느냐 죽느냐의 문제로 이어진다. 어릴 때부터 우리는 경쟁하는 분위기를 접한다. 운동회 때 청군 백군이 그랬고, 우등상, 최우수상이 그랬고 반장, 부반장이 그랬고,

명문대냐 아니냐 그리고 서울권 대학이냐 지방 대학이냐가 그랬다. 또한 대기업이냐 중소기업이냐로 생계를 나누었으며, 몇 평에 사느냐, 자가냐, 전세냐, 월세냐 등등. 우리는 수많은 성공의 척도 안에서 노예처럼 살고 있다.

여러분은 오늘 무엇을 얻기 위해 일하고 있는가? 정말 오늘 목숨 걸고 잡으려는 그것이 목숨의 값어치를 하는 것일까? 전혀 그렇지 않다. 이 물질계의 어떤 것도 목숨을 대신 할 값어치는 없다. 목숨을 걸 만큼 사랑했던 연인은 지금 어디 있는가? 목숨 걸고 간 명문대가 당신의 인생에 보상이 되었는가? 목숨 걸고 돈을 모으면 죽을 때 가지고 가는가?

최연소 이사가 되기 위해 목숨 걸고 일했던 분은 지금 중풍으로 지팡이를 짚고 다니며, 서울대 출신이라 자랑했던 분은 지금 신용불량자 신세에, 개업한 의사 10명 중 3명은 매월 적자신세다.

결국 같은 자리이다. 매일 하는 일에 감사하며 하루를 그냥 재미있게 보내야 한다. 당신은 그 회사에 이사가 되려고 입사한 것이 아니다. 이사가 되기 위해 인정받기 위해 일하는 삶은 불행하다. 매일 매일 즐겁게 일하고 신나게 일했더니 어느덧 이사가 되었다고 해야 한다.

천천히 가자. 당당하게 살며 남을 해하지 말자. 그러면 당신의 직장생활은 크게 문제될 것이 없을 것이다.

자존심自尊心을 버리고 자존감自尊感을 갖자.

자존심은 남에게 굽히지 않고 남들에게 보이는 자신의 품위를 지키려는 마음이며, 자존감은 스스로 품위를 지키며 스스로를 존중하는 마음이다. 직장에서 당신을 어떻게 생각하든 무슨 상관인가?

자존감으로 스스로 동네 건달들의 가랑이를 기었던 한신韓信 장군을 기억하자. 조정 대신들의 농간으로 백의종군했던 이순신 장군을 기억하자. 쓸 곳 없는 자존심은 버리고 자존감을 갖고 생활하면, 당신의 직장생활은 어느덧 꽃길이 될 것이다.

직장인의 패러독스

처음에는 취업만 되라고 한다. 자신을 뽑아주기만 하면 이 회사에 뼈를 묻겠다고 한다. 처음 마음은 누구나 똑같다. 그런데 한 해를 지나면서 '왜 진급이 느리지', '연봉은 왜 오르지 않지', '이 회사와 안 맞는 건가?' '저 부장이랑은 계속 트러블이 생기지' '왜 나는 사람들과 어울리지 못하지' 그러면서 다른 회사로 이직을 해볼까 고민하고 창업을 해볼까 한다.

어느 주류 도매회사를 운영하는 사장님이 말했다.

"직원들이 왜 1주일을 못 버티고 연락을 끊어버리는지… 회사 터가 안 좋은 것인지, 언제쯤 맘에 드는 직원이 들어올 수 있는지"를 물었다. 나는 맘에 드는 직원의 기준이 무엇인지를 물었다.

"성실하기만 하면 돼" 하셨다.

직장생활은 힘들다. 그것은 사실이다. 특히 가장인 직장인들의 어깨는 독신 직장인들은 절대 느낄 수 없는 무게감이 있다.

직장인 여러분의 패러독스를 깨어버리는 아주 간단한 방법이 있다. 그것은 순수純粹를 잃어버린 것이다. 순수하다는 것은 단순히 '착하다', '깨끗하다'와는 차원이 다르다. 순수는 지금 여기서 자신이 하는 일에 즐거움을 찾는 것이다.

예를 들어 마라톤에 참가한 두 선수가 있다. 한 명은 1등이 목적이며, 다른 한 명은 달리는 것이 너무 좋은 사람이다. 1등을 목표로 달리는 사람은 달리는 내내 그 힘든 과정을 견뎌내야 한다. 1등을 해야 하기 때문에. 그러나 달리는 것이 너무 좋고 달리면서 맞는 바람이 너무 상쾌한 자는 그 달리는 과정 내내 쾌감을 느끼며 행복하다. 당신이 보기에 이 두 사람 중 누가 1등을 할 것 같은가?

100% 달리는 것을 즐기는 사람이다. 이것이 순수다. 순수는 목적을 위해 존재하지 않는다. 순수는 삶의 모든 과정에서 기쁨을 찾고 그것을 즐기는 존재 상태이다. 순수는 신이 인간에게

준 무기 중 하나이다. 이 힘을 멋지게 사용해보자.

당신은 어느 순간 세상꼭대기에 와 있을 것이다. 꼭대기에 이르면 꼭대기에서 느끼는 기쁨과 행복을 또 누리게 된다. 그것이 순수의 힘이다. 어렵지 않다. 천천히 삶에서 조금씩 순수의 힘을 적용시켜 보자. 그러면 직장생활이 편해질 것이다.

상황을 바꾸는 지혜

보통 자신들이 처해 있는 상황들을 바꾸려면 우리는 외부적인 어떤 노력과 행위를 먼저 해야 한다고 생각한다. 물론 그렇게 생각하는 것도 일리 있는 이치이다. 하지만 그것은 당신이 바꾸려는 외부 상황을 효과적으로 바꾸지 못한다. 외부 상황, 외부 현실 그러니까 바꾸고자 하는 외부 상황들이 있을 때는 먼저 당신의 내적 상황들을 바꾸는 것이 가장 효과적이다. 이로써 외부 현실도 바꾸게 되는 가장 빠른 방법이 된다.

내적 상황을 바꾸는 방법은 우선 당신의 감정상태가 바뀌어야 한다는 말과 다르지 않다. 당신의 감정상태가 외부 상황에 대해 계속 분노와 좌절과 두려움으로 반응한다면 그리고 그런 감정상태가 지속된다면 거울상의 우주법칙으로 인하여 그 감정상태에 일치하는 현상만이 계속 지속된다.

당신이 바꿔야 하는 것은 당신의 내적 감정상태이다. 외부상황과 당신이 처한 현실이 어떠하든 상관 말고 당신이 먼저 그 상황을 감사해야 한다. 인정하고 감사하자. 당신의 감정의 존재상태가 감사하는 상태에 계속 머물기를 21일 동안 지속한다.

단언컨데, 그렇게 하면 당신의 외부 상황은 하나씩 하나씩 당신에게 감사할 일들이 찾아오며 짜증났고 두렵고 근심되던 일들이 이상하리만큼 정리되는 기적을 체험할 것이다.

정직이 최상이다

모든 문제의 근본인 인간관계이든 사업관계이든 관계를 망라해서 문제가 발생하는 이유는 정직하지 못했기 때문이다. 그렇다면 정직이란 무엇인가? 정확하게 이해할 필요가 있다.

정직이란 내 의견과 생각을 정확하게 상대에게 알리는 것이다. 사람들이 쉽게 생각하는 법을 잘 지키고 착하게 순리를 따르는 것이 아니다. 정직이야 말로 모든 상황을 가장 빨리 평화롭게 풀어내는 마법 같은 방법이다.

여러분이 경험했던 수많은 일들을 생각해보자. 모두가 여러분이 자신의 뜻을 정확하게 밝히지 않았기 때문에 생긴 일이다. '알아서 하겠지', '참고 기다리면 대우해 주겠지' 하면서 침묵하였거나 상대의 분위기에 자신을 맞추는 것이 최상이라 생각했을 것이다. 그것은 문제만 더 심해질 뿐이다.

또 자신의 생각과 의사를 정확하게 상대에게 전달하라고 하면 대부분은 화를 내라는 뜻으로 오해한다. 내 생각과 의사를 알리는 데 화를 낼 필요는 없다. 화도 차분하게 그것을 표현하고 전달하면 된다. 오늘부터 정직해보자. 그리고 그 표현을 선하게 표현하자.

솔직하다와 정직하다에 대해서

흔히 솔직하고 정직하다는 사람들을 통해 사람들은 상처를 받기도 한다. 그들은 자신들의 감정의 쓰레기를 마구 타인에게 던져 버리기 때문이다. 그 감정의 쓰레기를 받은 사람들은 대부분 상처를 받거나 분노하게 된다. 그것이 연인이나 가족끼리라면 상황은 더 심각해진다. 왜냐하면 그런 일은 이상하리만큼 오래 가기 때문이다.

배려와 예의가 없는 사람들과의 관계는 더 그렇다. 그리고 자신은 솔직한 편이라고 하면서 할 말 못할 말 구분도 못하고 막말하는 사람들과의 관계는 더 그렇다. 문제는 이런 관계가 우리의 존재 상태에까지 영향을 미친다는 점이다.

사람은 감정의 에너지로 사는 존재이다. 때문에 감정이 다치면 화가 나서 잠을 잘 수 없고, 그것은 계속 스트레스로 존재하기 때문이다. 그래서 대부분의 직장인들은 하루에도 12번 사표를 쓴다. 사람 사이에는 해야 할 말과 하지 말아야 할 말이 있다. 여러분이 그저 '나는 정직하니까, 할 말은 해야 겠어.'라고 생각하는 사람이라면 당신은 정말 최악이다. 당신은 이상하리만큼 계속 외톨이가 되는 자신을 발견하게 된다.

솔직과 정직은 말을 막하라는 뜻이 아니다. 솔직과 정직은 자신의 감정과 욕망에 솔직하고 정직하란 뜻이다. 상대에 대해 자신의 감정의 쓰레기를 마구 던지란 뜻이 아니다.

여러분에게 기도를 전달한다.

"나에게 매일 기분 좋은 일들과 엄청난 행운들이 계속 생겼습니다. 감사합니다."

이 기도를 매일 5번 이상 해보자. 이 기도가 선언되면서 기도와 관계된 에너지들이 당신의 주변을 바꾸기 시작할 것이다. 기도하는 횟수가 많으면 많을수록 당신 주변에는 당신에게 선하고 기분 좋은 사람들만 가득 차게 된다. 애써 사람들을 바꾸려고 화내거나 싸울 필요 없다. 자연스럽게 흘러가도록 한다. 기도는 우리의 에너지를 다루는 가장 효율적인 방법이다.

이렇게 기도하면, 여러분의 마음을 바꾸게 하고 여러분이 혹시 자신의 감정의 쓰레기를 타인에게 마구 던지던 사람이었다면 오늘 이 기도가 당신을 바꿔 줄 것이다.

착한 자의 패러독스

세상에 착하기만 한 사람과 악하기만 한 사람은 없다. 각각의 경우와 상대에 따라 처신이 다르다. 여기서 문제는 착해야 한다는 관념에 사로잡힌 분들에 대한 이야기이다.

착해야 한다는 것은 착한 것이 아니다. 착해야 한다는 관념은 실제로 상대가 나를 그렇게 느껴야 한다는 관념이다. 이것은 실로 위험한 관념이다. 상대방이 나를 착한 사람으로 여겨야 하기 때문에 이 사람들은 자신의 에너지를 정말 쓸데없는 곳에 마구 쓰는 것이다. 흡사 매시간 10만원씩 길거리에 계속 버리고 있는 것과 다름없다.

만약 착해야 한다는 관념에 당신이 속아서 착하게 살아야 한다로 알고 살고 있다면 당신은 당신의 과거를 한번 뒤돌아 보아야 한다. 이런 사람은 유년기를 자세히 관찰해보면 대부분 부모와 이어져 있다.

부모에 말에 순종하면서, 기대에 부응하면서 커야 부모에게서 인정을 받고 사랑받는 느낌을 받는다고 생각하며 자란 분들이 대부분이다. 이런 유착관계는 성장하면서 다른 상대에게로 자연스럽게 이전된다. 교우관계와 연인관계, 사회 지인들과의 관계, 부부관계로까지 이전되어서 착한 사람으로 보여야 이 사람들이 나를 인정해주고 관심 가져 준다는 믿음으로 성장한다. 이렇게

넷 — 당신에 대한 메시지

자란 사람은 자신의 두 발로 제대로 서서 세상을 살아가는 것이 아니다. 항상 기댈 대상이 필요하며, 그 기댈 대상에 순응하고 그 상대가 원하는 것을 해주어야 한다.

그런데 만약 그 상대가 당신을 그만큼 사랑해주고 보상해주고 관심 가져 준다면 사실 아무 문제가 없다. 문제는 그 상대가 당신의 부모가 아니기 때문에 생긴다. 부모야 자식에게 무한에 가까운 애정을 쏟아 붓는 존재이지만, 당신의 상대는 단지 한 인격체일 뿐이며 사랑과 시간과 돈에도 한정되어 있는 인간일 뿐이다. 그 상대가 당신의 착함에 부응하지 못하는 시점이 올 때 당신은 과연 계속 착하게 대해야 한다는 것이 정답이 아니라는 것을 알게 된다. 그런 다음 당신은 배신당한다. 너는 나를 너무 모른다면서 새로운 상대를 찾거나 새로운 관계로 이전되거나 새로운 모임이나 새로운 회사를 찾는다.

당신이 만약 천년 만년 사는 존재라면 당신의 착함에 보상해주는 새로운 사람을 다시 찾아도 된다. 하지만 우리의 인생은 고작 80년이다. 시간은 너무 빨리 지나가며 당신의 착함은 퇴색되어 간다. '착하게 살아야 한다'는 생각을 버리자. 누구의 인정도 구하지 말고 당신 자체로 이미 귀한 존재라는 것을 인정하자. 이렇게 생각하는 시작점이 이 패러독스를 깨어버리는 방법이다.

집안을 일으킨 며느리

강화도의 장어집 중에 특별한 며느리 이야기가 있다. 그 며느리의 사주에는 금융, 무역, 제조 유통, 부동산 중 몇 가지를 통하여 막대한 재력가가 될 운명이었다. 장어집 막내 며느리로 들어가 남들이 하지 않는 장어즙을 개발해서 가게 소득을 올리더니 또 아무도 하지 않던 포장 배달까지 시작해서 매출을 올렸다. 성실함으로 하루도 쉬는 날 없이 일을 하고 아이들을 키우며 지내던 차에, 2대를 이어오던 장어집 시부모는 막내 며느리를 믿고 가게 명의를 그녀에 넘겼다. 결국 그 가게는 대박에 대박을 이어가서 수많은 고용을 창출하고 있으며 더불어 많은 사람들을 살리고 있다.

특별한 기적은 또 일어났는데, 오래된 건물을 현대식 건물로 증축하여 새로운 판을 열어가고 있다.

사람들에게 이 이야기기를 하면, 그 여자에게는 '일어설 만한 기본 재력이 있었겠지?' '부모가 배경이 되었겠지?'라고 말한다. 천만의 말씀이다.

그녀는 고등학교 졸업과 동시에 롯데를 다니면서 교통비가 아까워 걸어 다녔고, 월세 내는 게 아까워 돈을 모아 전세로 이전했다. 돈을 벌기 위해 경매를 배워야겠다고 생각해서 스스로 책을 보고 공부하고 법원을 다니며 부끄러움을 무릅쓰고 하나하나 물어물어 경매를 터득했다. 지금은 연천, 파주, 강화도에 40세도 안 된 나이에 땅과 집을 몇 채 갖고 있다.

나는 그 여인에게 "당신의 운명은 금융, 무역, 제조 유통, 부동산 중 여러 개를 통하여 막대한 재력가가 될 운명이고, 46세 이후부터는 현금 재벌이나 부동산 재벌로 성장할 것이다."고 말했었다. 사람들은 운명이 그러니 그렇게 사는 게 맞다고 생각할 수 있다. 하지만 그녀의 성공은 스스로 만들어간 것이었다. 당신은 어떠한가? 지금 깨어날 준비가 되어 있는가?

잘되는 것에 대해

2011년 쯤 중년의 아주머니께서 나를 방문했었다. 그분은 자기가 음식을 꽤나 잘하니 잔치국수집을 열어서 돈을 벌고 싶다고 했다. 애들도 다 커서 적적하여 재미있게 일하고 싶다면서, 잔치국수집을 열 수 있는 곳 2곳의 주소도 가지고 왔다. 그분은 자신이 잔치국수집을 열면 잘 되겠느냐고 물었다.

"잘 되는 것의 기준이 무엇인가요?"

"잘 되는 게 그냥 잘 되는 거지 다른 게 있나요?"

"그럼 장사하면서 매달 얼마 이상 벌고 싶으세요?"

"매달 순수익 400만 원이면 좋겠어요."라고 했다.

그래서 영靈을 불러 찜해둔 두 곳 중에 어디서 하면 매달 400만 원 이상의 순수익이 나는지 판단해서 알려드렸다.

그런데 이 아주머니께서 7개월쯤 지나 다시 방문했다. 이유는 너무 힘들다는 것이었다. 하루 종일 주방에서 나올 수가 없고, 진상 손님들 때문에 짜증나며, 종업원으로 일하는 조선족 아주머니들이 계속 게으름만 피운다는 거였다. 거기다 남편은 도와주지도 않고 애들은 첫 달만 와서 도와주고 오지도 않는다는 것이다. 짜증이 얼굴에 가득했다. 순수익 400만 원 이상은 버는지 물었더니 그것보다 더 번다고 했다.

"그런 고생도 각오하지 않고 장사를 시작하셨나요? 매달 500만 원 이상을 버니 그것으로 보상받는 거 아닌가요?"

그러나 이제는 자기에는 맞고 잘 되는 다른 일이 있으면 알려달라고 했다. 그래서 잘 되는 게 어떤 기분을 말하는지 물었더니 아무 대답도 못했다. 그분은 그 해를 넘기지 못하고 그만두었다.

여러분은 어떻게 생각하는가? 기분도 좋고 돈도 많이 벌고 인정도 받으며, 직원들은 가족같이 일을 잘 해주고, 생의 의미도 찾고 친구들이 모두 부러워하는 매일 매일이 잘 된다는 것의 기준일까?

아니다. 이 세상에 그런 일은 존재하지 않는다. 예수님도 유다에 의해 배신당한 세상이며, 충무공 이순신 장군은 전쟁 이후 정치인들 때문에 감옥에 가거나 목이 날아날 것을 예상하고 전쟁 중에 스스로 갑옷을 벗으셨다. 또한 백범 김구 선생님은 반대파에 의해 독립 이후 어이없게 동족의 손에 길에서 돌아가셨다. 우리가 사는 세상이 이러한데 '잘 된다'라니.

당신도 장사를 하는가? 그러면 그 장사에 목숨을 걸어야 한다. 당연히 힘이 들고 당연히 거칠고 힘들다. 생돈 400만 원을 만들어내기가 그리 쉽겠는가?

장사를 할 때는 정확한 목표만을 바라보고 가야 한다. 잘 된다는 추상적인 환상을 버리고 매달 당신이 원하는 목표 금액만을 보고 힘든 과정을 풀어내야 한다.

평생 횟집을 해온 한 어머니 말씀이 6개월 이상 일 해주는 직원이 있다면 감사한 일이라고 했다. 이분은 이런 마음 자세이니 평생 횟집을 운영할 수 있었고 부산에서 제일 큰 횟집을 운영하면서 자식들 대학까지 보냈던 것이다.

막연히 이 장사하면 잘 될까? 이런 식이라면 당신은 장사의 각오부터 다시 생각해야 한다. 무언가를 한다는 것은 그 무엇을 통해 얻을 수 있는 목표만을 보고 가야 하는 것이다. 한라산을 보러 가는 길에 당연히 비도 오고 바람도 불 수 있다.

당신은 그때 비 오고 바람이 너무 강하니 한라산 보러 올라가는 것은 아니라며 돌아오는가? 그렇다면 평생 한라산에서 바라보는 경치는 볼 수 없다.

　일산에서 약국을 운영할 때, 전업 주식 트레이더로 엄청난 돈을 번 청년을 알게 되었다. 매일 6시 약국에 놀러 와서 친해지게 되었다. 2008년에 알게 된 사람인데 그때 나이 차이가 한 살 정도로 기억한다. 이 친구는 매일 주식장이 열리는 8시부터 4시까지 의자에서 일어나지 않았다. 핸드폰도 받지 않았고 낮에 특별히 일을 봐야 할 때는 개인 여비서를 시켰다.

　스스로 주식을 파악하는 프로그램을 만들었고 내게도 가르쳐 주어서 요긴하게 사용한 적이 있었다. 대한민국 주식 책은 이미 다 본 상태였고, 새로 나오는 책과 주식 관련 세미나는 먼 길을 마다 않고 다녔다.

　자신의 이름 이니셜을 딴 홀딩스 회사를 만들어서 운영하는 게 목표였는데, 실제로 2010년에 회사를 시작했다. 하루에 4시간 잔다는 그 친구는 이 정도 돈을 벌려면 당연하다고 했다. 전에 집에 놀러간 적도 여러 번 있었는데, 갈 때마다 감탄이 나왔다. 모니터 6대를 벽면에 세우고 주식을 하는데 대단하다는 말이 절로 나왔다.

　대학을 다니다 중퇴한 시점부터 주식 공부만 10년을 했다고 한다. 뭔가를 이루려고 할 때는 이 친구처럼, 평생 횟집을 하신 그 어머니처럼 해야 한다. 그때 여러분은 잘 된다의 기준을 스스로 만들 수 있을 것이다.

정량법칙

　세상만사 모든 것은 제 각각의 시간과 에너지의 함수관계가 존재한다. 그것이 정량법칙이다. 어떤 일이 이루어지려면 그 일을 이루는 데 반드시 시간의 양과 에너지의 양이 존재한다.

　누군가는 서울대 로스쿨을 가려고 한다면 그는 그것에 합당한 시간과 에너지를 투여해야 한다. 시간과 에너지는 이차방정식의 관계로 움직이는데, 에너지를 많이 투여할수록 그 일을 이루는 데 드는 시간은 그만큼 줄어든다. 올해 서울대 로스쿨에 진학할 수 있는 에너지를 모두 소진한 사람은, 그해 원하는 것을 손에 넣을 수 있다. 그러나 그해 필요한 에너지를 투여하지 못한 사람은 한 해를 더 보내면서 나머지 에너지를 투여해야 한다. 정량법칙은 신이 만드신 우주법칙이기 때문에 세상 모든 일에 적용된다.

　예전에 한 남성이 자신이 좋아하는 같은 회사 여성과의 결혼 유무를 물어보려고 온 적이 있었다. 사주로 보았을 때 두 사람은 분명 5년 간격으로 합이 들어 가능성은 아주 컸다.
　문제는 그 여성이 자신의 회사 상무 딸이며, 해외유학파라는 것이었다. 이 남성의 말로는 몇 번 말을 걸어봤지만 반응이 시큰둥했다는 것이다.

답은 의외로 간단하다. 정량법칙을 적용해야 한다. 몇 년이 걸리든 계속 자신의 입장에서 정성을 다하면서 승부를 보느냐? 아니면 자신도 그 여성에게 뒤지지 않는 스펙을 만들어서 빨리 승부를 보느냐 였다. 그 남성의 그때 입장은 국내대학 경영학과 졸업이었다. 승부를 보려면 무려 10년이 걸리는 일이었다. 그 전에 여성이 다른 남성과 결혼을 안해야 하고 만약 결혼을 한다면 이혼해야 가능한 이야기였다.

우선 그 남성에게 회사를 때려치우고 당장 유학을 가라고 했다. 유학 가서 당신도 당당한 스펙을 쌓아 에너지를 올려야 한다고 했다. 남자는 역시 여자를 통해 바뀐다는 말이 맞다.

그는 즉시 유학을 갔다. 가기 전에 물었던 말이 유학 가 있는데, 그 여성이 결혼하면 어떻게 하냐는 것이었다. 그 여성에게 당당하게 말하라고 했다.

"나는 유학 간다. 너와 결혼하고 싶어서 너에게나 너의 아버지에게 당당하게 서려고 한다. 다른 남성이랑 결혼할 생각이면 해라. 그러나 유학을 마치고 왔을 때도 혼자라면 나를 진진하게 생각해 달라."라고.

"정말 기다려 줄까요?"

그게 무슨 상관인가. 당신의 뜻을 정확히 전달했으면 그만이니 나머지는 하늘에 맡기면 된다. 이 남성과 여성 어떻게 되었을까? 아직 유학 중이다. 오면 알겠지…. 에너지를 투여하고 상승시켰으니 분명 5년 안에 그 여성분과는 결혼할 수 있을 것이라고 본다. 이것이 정량법칙이다.

만사는 제각각 이루어지는 데 필요한 에너지와 시간의 양이 정해져 있다. 그리고 에너지와 시간은 서로 역함수로 존재한다. 에너지가 많으면 많을수록 시간은 더욱 단축된다.

만사는 그 각각의 정량을 가지고 있다. 그것을 이루기 위해선 반드시 그 정량을 채워야만 온전히 손에 넣을 수 있다. 신은 절대 공짜로 주는 법이 없다. 만약 신이 그대에게 공짜로 무엇을 주었다면 반드시 책임감이라는 엄청난 무게를 통해 정량의 법칙이 채워질 것이다.

남들은 쉽게 얻는데, 나는 왜 더디고 오래 걸리냐고 한다면 잘 관찰해보라. 그들은 엄청난 에너지를 단시간 안에 쏟아 부은 자들 일 것이다. 당신도 그들처럼 하고 있는지 먼저 되돌아보라.

부자의 패러독스

한국사회에서 부자의 기준은 무엇인가? 집이 5채 이상 된다. 현금 보유량이 20억 이상이다. 언제든 현금화할 수 있는 부동산이 30억 이상이다. 이런 기준은 많을 것이다. 그런데 자신을 스스로 부자라고 말하는 부자는 보지 못했다. 다들 조금 여유롭다고 표현한다.

처음에는 돈을 많이 번 것을 친구나 지인에게 자랑하면 이상하게 계속 어디 투자하자고 하거나 돈을 좀 융통해 달라고 한다. 그래서 처음에는 투자도 해주고 돈을 빌려주기도 하지만 결국 책임을 지려 하지 않는다는 것이 부자들의 생각이다.

"언제 돈 갚을 거냐?"

"너는 돈도 많으면서 왜 그러냐."

이렇게 반응을 보이며 오히려 화를 낸다고 한다. 그런 일을 여러 번 경험한 후에는 절대로 돈 많다는 티를 내지 않는다고 했다.

올바른 판단이다. 세상은 돈 많을 것을 알리면 오히려 큰일 난다. 어떤 형태로든 세무조사를 피할 길이 없으며 주변에서 부러워하는 듯하지만 반면 칼을 세우기도 한다.

천천히 재산을 쌓으면서 부자가 된 경우이든, 소위 벼락부자가 된 경우이든 부자들은 사고방식이 달라진다. 즉, 여유로워진다. 갑자기 세상이 망하면 안 된다고 생각하고 만사가 천천히 흘러가야 한다고 생각한다. 그리고 약간 손해를 봐도 괜찮다고 생각한다. 부자들은 정말 그렇다.

당신이 부자라면 당신에게 평생 부자 티를 내지 말라고 말하고 싶다. 저 사거리 10층 빌딩이 당신 것이라고 해도 절대 티를 내지 말고, 당신 금고에 금이 수억 원 어치 있다 해도 절대 자식들이나 배우자에게 티 내지 않는다. 외제차를 어쩔 수 없이 타고 나가야 하는 자리라도 그냥 친구들에게 장기 렌터카라고 해야 한다. 해운대에 보트가 있어도 가족끼리만 즐긴다. 당신의 부가 나날이 커지면 커질수록 사람들은 알아서 당신에게 머리를 숙일 것이니 절대 먼저 돈 자랑하지 않는다.

왜 그러냐고? 바로 하느님이 주신 재물이기 때문이다. 당신에게 그 재물을 준 이유는 그 재물을 자랑하라는 것이 아니라 선하게 쓰라는 것이다.

10층 빌딩이 있으면 임대료를 낮춰서 소상공인들이 마음껏 장사하고 사업하게 배려하라. 신이 당신의 재물을 2배로 만들어 주실 것이다. 부자들은 가끔 착각하는 경우가 있다. 자신이 부지런하고 똑똑해서 그렇게 되었다고 생각한다. 천만의 말씀.

신이 당신에게 재물을 준 것은 그것으로 수많은 사람들과 선하게 나누라는 뜻이다. 그렇게 하면 재물에 재물을 더 주신다. 자랑이나 하라고 주신 것이 아니다. 매달 배곯는 아이들을 위해서 기부하라. 매달 당신을 통해 도움을 받아야 하는 자들을 돌보라. 당신의 돈 자랑이 계속 된다면 신은 당신의 돈을 모두 빼앗을 테니.

안 그럴 수도 있지 않냐고 생각할 수 있다. 절대 아니다. 돈은 에너지일 뿐, 에너지는 신이 준 것이다. 당신이 쟁취한 것이라는 착각을 벗어나야 한다. 부지런한 자에게 돈을 허락하는 것은 신의 선한 이치이며 욕망과 배포가 큰 자에게 큰 돈을 허락하는 것도 신의 이치이다. 그들에게 돈을 허락한 것은 그 사람들을 통해 그 돈의 에너지가 선하게 흐르도록 하려는 것이다. 자신의 욕망을 기반으로 돈을 움직인 자는 필히 그 돈이 공중으로 분해되어 버린다.

돈 자랑하려고 돈을 쓰지 말고 당신을 통해 그 돈이 흘러가야 할 곳으로 계속 흐르게 한다. 돈의 흐름이 나날이 강물처럼 커져 갈 것이고 그 흐름은 다시 선하게 계속 흘러야 한다. 돈이 선하게 흐르게 하는 자의 삶에는 돈이 절대 메마르지 않고 더욱 그 흐름이 커질 뿐이다.

신이 당신에게 큰 돈을 허락하신 것은, 그것이 선하게 흘러가서 대지를 적시고 생명이 소생하게 하기 위함임을 잊지 말자.

오늘 매달 300만 원 정도의 돈의 흐름과 연결된 직장인이라면 당신 수입의 10만 원 정도를 꼭 사회 빈약층을 위해 기부하자. 신은 당신의 돈의 흐름을 곧 400만 원으로 만들어주실 것이다. 당신이 매달 1억 원의 돈의 흐름과 연결된 사람이라면 당신 수입의 500만 원을 매달 이사회의 빈약층을 위해 기부하자. 신은 당신의 돈의 흐름을 곧 2억 원으로 만들어주실 것이다.

당신이 착하게 살아서 신이 돈을 준다는 착각은 버리자. 신은 그 사람의 배포와 지혜에 맞게 돈을 허락한다. 하지만 당신이 그 돈을 자랑에만 사용한다면 신은 그 돈의 흐름을 바로 끊어버린다.

한 무속인의 이야기가 있다. 그 무속인은 원래 식당의 기구와 식자재유통을 하던 사장이었는데, 자신이 그 사업을 시작할 때 동네 우체국의 '사랑의 기부함'에 천 원씩 일주일에 한번은 꼭 넣었다고 한다. 그런데 그렇게 하고 온 날은 꼭 거래가 터지고 주문전화가 쇄도했다고 한다. 그러던 어느 날 너무 바빠서 우체국을 들를 시간이 없어 까맣게 잊고 지냈는데, 사기를 당하고 돈을 못 받고 난리도 아니다가 결국 파산하고 말았다. 아마도 우체국 기부함에 돈을 안 넣어서 그런 거 같다고 했다.

이 분 사업이 승승장구할 때의 모습도 알고 있다. 돈 자랑이 나날이 과도했다. 감사는 점점 사라져가고 자신이 번 돈은 당연하다는 듯했다. 멋진 2층집을 사더니, 어느 날 손목에 천만 원 이상 하는 시계를 차고 놀러왔다. 여기저기 친구들과 술 마시러 다니고 골프 치러 다니고, 룸살롱 아가씨들이랑 간다고 하고, 아내에게는 좋은 차를 사주고 자녀들은 사립초등학교와 좋다는 중학교로 전학시켰다. 나에게는 일만하고 언제 쉬냐며 인생 즐기라고도 했다. 나는 일하는 것이 인생을 즐기는 거라고 했더니 불쌍한 듯 웃었다. 당시 약간의 충고를 했었는데 소용없는 일이었다. 이후에 신은 바로 모든 것을 거두어가셨다. 그리고 지금은 어느 지방에서 박수무당으로 지내시는지 알 수는 없으나, 그 동네 우체국 기부함 통에 돈을 꼬박꼬박 넣기를 바랄 뿐이다.

돈은 흘러야 한다. 돈은 버는 것이 아니다. 사람 각각의 깜냥에 맞게 신은 돈줄을 연결시켜준다. 그 돈줄을 나날이 크게 만들고 강대하게 만들려면, 그 돈줄을 선하게 흐르도록 해야 한다. 그래야 자신에게 들어오는 돈줄은 더 커진다는 것을 알 수 있다. 선하게 돈이 흐르도록 한다. 신이 주신 것이니까.

세상 모든 돈을 가지는 방법

이것처럼 간단한 것이 없다.
1. 목표를 정확히 세운다.
2. 그것을 이루기 위해 일을 추진한다.
3. 그 일이 이루어진다는 믿음 하나로 끝까지 견딘다.

보통 한 번은 누구나 한다. 그러나 두 번을 해내는 사람은 극히 드물다. 대부분 생각만 하다가 그치니까. 두 번을 해낸 사람은 사실 대단하다. 그리고 결정적인 차이는 세 번에서 나온다. 두 번까지 이뤄낸 분들이 모두 실패로 돌아가는 것은 세 번째에 좌절하기 때문이다.

당신은 뭘 하든 이상하게 짜증나는 일이 계속 일어날 것이고, 세금에 갑근세에 내야 하는 것들이 왜 이리 많은지, 당신을 죽어라 싫어하면서 방해하는 사람도 계속 생길 것이다. 그리고 두 번까지 해낸 사람은 결국 세 번이 되기 위해 긴 시간의 싸움을 해야 한다.

배우자와 부모와 주변 지인들은 3년까지는 따뜻한 눈으로 우리를 봐 줄 것이다. 그리고 4년째 들어설 때 그만두는 게 어떠냐고 하면서 그냥 적은 월급이라도 월급쟁이가 편하다고 할 것이고, 꿈만 먹고 어찌 살 수 있냐고 할 것이다.

당신은 이 모든 것을 극복해야 한다. 그리고 당신이 세상의 모든 돈을 다 갖고 싶다면 적어도 결혼은 포기해야 한다고 말하고 싶다. 먼 길을 가는 사람은 일단 짐이 가벼워야 한다. 그 길을 가서 당신만의 성이 튼튼해진 다음에 결혼도 생각할 수 있다. 그리고 무엇보다도 중요한 팁이 있다. 그것은 당신이 그 일에 미쳐야 하는 것이다. 미칠 정도로 좋아야 한다. 그게 마지막 비밀이다. 그것이 돈이든 일이든…

당신이 어떤 사람 때문에 힘들다면

당신이 어떤 사람 때문에 힘들다면, 그것은 당신이 약하다는 뜻이 아니다. 또한 그 사람이 나쁜 사람인 것도 아니다. 실제로 당신이 다른 사람을 기쁘게 하고 다른 사람의 기분을 맞추어주면서 그것을 통해 우월감이나 행복이나 기쁨을 누려왔다는 표현이 더 정확할 것이다. 그러나 당신은 어느 누구도 만족시킬 수 없다. 만약 당신이 그것을 훌륭히 잘해 왔다 하더라도 그것은 불가능한 것이며, 당신의 생명력만 소진시키는 정말 무가치한 일이다.

　우리는 우리의 입장에서 살아야 한다. 우리는 우리의 가치에서 우리를 살아야 한다. 누구를 위해서나 누구를 만족시키기 위해서, 누구를 실망시키고 싶지 않아서 또한 누군가가 당신을 천대할까 봐, 그런 이유로 당신이 무리수를 계속 두어서는 안 된다. 우리는 철저하게 이기적으로 살아야 한다. 철저하게 나만의 기쁨과 나만의 시간과 나만의 여유와 나만의 속도로 살아야 한다. 그리고 사람들은 나의 시간과 속도와 여유와 기쁨에 맞추어야 한다. 그것이 싫다면 당신에게서 떠나면 그만이다. 그 속도와 그 여유와 그 기쁨에 일치되는 사람만이 당신에게 남을 것이고, 그 사람들이 당신에게 이득이 되는 사람들이다.

　남들이 당신을 어떻게 생각하는지는 신경 쓰지 않는다. 당신의 진실을 오해한다면, 그것은 그 사람들이 그정도 그릇의 사람들인 것이다. 진실되고 선한 자들은 사람을 오해하지 않는다. 오히려 이해하며 선하고 진실되며 흐림 없는 눈으로 당신을 바라본다.

　철저히 이기적으로 살자. 당신의 걸음걸이로 당신의 속도로 당신의 기쁨으로 살자. 남들이 당신을 어찌 생각하든 그것은 남들에게 맡기고 남들의 생각이란 쓸데없음을 깨닫자. 당신의 심장 속도로 세상을 살아가는 것이 세상과 타인을 대하는 가장 지혜로운 방법이다.

현실은 누군가의 시선이 집중된 생각이 물질화된 것이다

사람들은 내게 말한다.

"다니엘, 당신은 잘 될 수 있어요. 염려 말아요. 하지만 지금 제 현실은 전혀 그렇지 않아요. 풀리는 건 하나 없고 가게도 안 나가고 매상도 없고 배우자도 마음에 안 들고……"

여러분은 설령 현실 상황이 마음에 들지 않더라도 자신의 현실을 직시하면서 살아가야 한다고 어릴 때부터 교육받는다.

하지만 물질화된 현실이나 상상 또는 기억에 상관없이 당신의 주의가 가는 모든 것이 당신의 체험으로 끌어들이는 것이다. 그러니 당신의 눈으로 바라보는 현실이 여러분이 살아가고 싶은 삶이 아니라면 그걸 직시하지 말라. 왜냐하면 눈으로 보이는 모든 현실은 진실로, 여러분의 시선이 집중되어온 생각 진동이 그대로 물질화된 것이기 때문이다.

당신의 두려움에 집중하였기 때문에 두려운 현실이 그대로 일어난 것이고, 기쁨에 집중하였기 때문에 기쁜 현실이 일어난 것이다. 그게 무엇이든 당신의 주의가 가게 되면 바로 그것이 당신의 체험적 진실이 된다. 이것이 예수님이 "너희는 마음에 근심치 말라"고 하신 진짜 이유이다.

인생은 블루마블 게임과 같다

인생은 거대한 블루마블 게임과 같다. 그렇다고 인생을 대충 살라는 것이 아니다. 인생에는 법칙이 존재한다. 인생을 제대로 멋있게 살려고 한다면 이 거대한 '블루마블의 법칙'을 빨리 이해하고 그것을 따라가야 한다. 이 법칙에 반대해 봐야 우리가 가진 것들은 그 법칙을 따르는 이들에게 빼앗길 뿐이다.

법칙은 간단한다. 이 인생의 모든 것은 허상이고 우리가 죽음을 맞이할 때 그 모든 것들은 다 세상에 두고 떠나야 한다는 법칙이다. 당신은 돈이 허상임을 알 때 돈에 대해 그 마음이 자유로워지고, 돈이 당신을 따르고 모이는 기묘한 기적을 체험하게 된다. 이제 당신은 그 돈을 당신이 하고 싶은 곳에 쓰는 도구로 사용하면 된다.

이 세상의 모든 것이 허상인 거대한 블루마블임을 안다면 우리는 이 세상을 하나의 게임으로 즐기면 된다. 그 즐긴다는 것이 바로 게임의 법칙이고 이 우주의 비밀이다. 즐긴다는 개념으로 모든 것을 대하는 자는 기적처럼 성공하게 되고 풍요와 기쁨을 누리게 된다. 인생이라는 거대한 '블루마블 게임'의 승리자가 될 수 있는 게임의 법칙은 바로 즐기는 것이다. '지금 즐긴다. 이 상황을 즐긴다.' 당신은 지금 승리자의 인생을 풀어내고 있는 것이다.

성공에 대한 상고

우리는 대부분 큰 돈을 벌거나 높은 지위에 오르거나 자신이 원하는 시험에 통과하면 성공했다고 생각할 수 있다. 그러나 그건 아주 작은 욕망의 이름일 뿐이다. 성공은 그런 것이 아니다.

우리의 성공은 우리가 그리스도가 되는 것이고 부처가 되는 것이다. 그리고 이 3차원의 현실이라 불리는 세계는 하느님의 수많은 차원의 하나일 뿐이라는 큰 깨달음을 얻고 그 깨달음이 직접적인 하느님의 존재의 체험과 이어져야 한다. 그 체험과 함께 우리는 그리스도가 되는 것이고 부처가 되는 것이다.

이것이 바로 우리의 성공이다. 우리가 성공을 하면 우리는 이 3차원의 현실을 마음껏 놀게 되며 어떠한 구속도 없게 된다. 그때 우리의 현실은 하느님의 숨겨 둔 보화로 가득함을 알게 될 것이다.

우리는 늙어 죽기로 되어 있는 존재가 아니다. 우리의 성공은 하느님의 완전한 표현이 되어 하느님으로 살아가는 것이다. 우리들은 측량할 수 없는 하느님의 각각의 표현들이다.

우리는 전지전능하기로 되어 있으며 우리는 불로불사가 되기로 되어 있는 존재이다. 성공하자! 그 성공은 물질적인 이름과는 아무런 관계가 없다.

Burn out을 피하려면

평택에서 처음으로 '굿모닝약국'을 운영할 때는 아침 7시부터 밤11시까지 운영했었다. 힘든지도 모르고 일을 했는데, '돈 버는 재미가 이런 거구나.' 싶었다. 지금 생각해보면 그것이 큰 함정이었다는 걸 이제는 알고 있다.

젊은 창업주들에게 해주고 싶은 말은 "너무 일만하지 말라."는 것이다. 일에 미쳐 돈을 벌어서 외제차도 사고 집도 사고 단골손님도 늘고, 물론 친절하고 세밀하게 고객을 관리하는 것도 스킬이지만, 정말 오래 오래 장사를 하고 싶다면 쉬어가는 시간도 있어야 한다. 그리고 혼자 하는 장사보다는 월급이 나가도 직원을 적당히 쓰는 것이 좋다.

처음에 나는 관리약사 월급 주는 게 너무 아까워서 혼자 다했었다. 지금 생각해보면 그것이 'Burn out'의 시작이었다. 번아웃 증후군은 내가 경험한 바 최악이다. 더 큰 문제는 번아웃이 진행될 때는 이것을 전혀 눈치 채지 못 한다는 것이었다. 그렇게 1년 반이 지난 후에 나는 상상을 초월하는 무기력과 내가 왜

사나 싶을 정도의 우울증에 빠지게 되었다. 그때 내 폐인의 전조증상은 참 어처구니없게도 '약국을 나가기 싫다.'는 것이었고 일하기 싫다는 것이었다. 이 모든 것의 도화선은 미드(미국 드라마)였다.

어느날 내가 개그콘서트나 예능 프로나 드라마를 보고 있는 게 없다는 것을 알아차린 후, 미드를 파일공유 사이트에서 다운받아 보게 되었는데, 세상에 살다 살다 이렇게 드라마가 재미있다니 감탄을 하게 되었다. 미드 보느라 밤을 새더니, 결국은 3일간 미드 때문에 약국을 가지 않는 일이 생겼다. 손님들이 계속 나를 찾고 있다고 직원들로부터 연락이 와도 나가기는 더 싫어지고, 악순환의 연속이었다.

번아웃은 지혜롭게 대처해야 한다. 우선 당신만의 룰이 있어야 한다. 그리고 그 룰은 깨어지면 안 된다. 나는 1달에 4일은 핸드폰을 완전히 꺼버리고 그 날만큼은 아무것도 하지 않기로 했다. 그날은 내가 좋아 하는 걸 하는 것도 아니고 그냥 아무것도 안하는 날이다. TV도 보지 않으며 책도 읽지 않는다. 그날 갑자기 북한산을 가고 싶으면 가고, 그날 갑자기 31가지 아이스크림이 먹고 싶으면 가서 그냥 먹는다. 그날 그냥 인사동에서 그림을 보고 싶고 사람 구경하고 싶으면 그냥 차 몰고 인사동으로 간다. 그날 뭘 해야 할지는 절대 정해놓지 않으며 그때그

때 하고 싶은 일을 그냥 한다. 그리고 아무것도 하고 싶지 않을 때는 그냥 쇼파에 드러누워 잔다. 애인이 있거나 결혼한 분들은 미리 이런 사실을 통보하고 그렇게 하는 것이 좋다.

나는 또 기부를 하기로 했다. 굿네이버스와 국내 중증장애인 관리소 유니세프 기타 등등 그리고 우체국에 있는 모금함에도 정기적으로 그리고 수시로 돈을 기부한다. 돈은 흘러야 한다. 그 돈 다 모아서 저승 가져갈 것도 아니고, 비울 줄도 알아야 내가 가벼워지고 내 영혼이 가벼워진다는 것을 알게 되었다. 한 달에 5만 원이라도 꼭 기부하면 좋다. 묘하게 당신의 삶의 무게도 가벼워질 것이다.

미래를 위해 살지 말고 미래로부터 살자

미래를 위해 사는 사람들은 현재를 놓치는 사람들이다. 학교를 다니면서 언제 취직하나 생각하고 미래의 일만을 생각하다 보면 학생일 때만 할 수 있는 귀한 기회들을 놓친다. 취직을 하면 언제 대리가 되나 하면서 평사원일 때 평사원일 때만 할 수 있는 귀한 기회들을 놓치고, 대리가 되면 언제 결혼하나 하면서 이성들을 계속 만나며 외롭다고 한다. 그리고는 싱글일 때만 할 수 있는 귀한 기회들을 또 놓친다.

미래를 위해 사는 사람들은 자신이 하려고 하고, 자신이 애쓰던 것들을 항상 전쟁상태에서 근심과 걱정으로 지금이라는 귀한 때를 다 놓쳐버리고 헛되게 써버린다.

그러나 미래로부터 사는 사람들은 이렇게 살아간다. 학생일 때는 내가 직장인이 되면 학생 때 못 해봐서 아쉬워할만한 일들을 생각하며, 그 일을 감사해하며 해본다. 또 직장인이 되면 결혼을 한 후에는 할 수 없는 일들을 찾아내서 그것을 감사해 하며 즐겁게 한다. 혼자 한강 걸어보기, 혼자 카페에서 커피시기, 혼자 갤러리에서 그림구경하기 등등, 싱글일 때 싱글의 상태를 즐기는 것이다.

미래로부터 사는 사람들은 근본적으로 만사가 다 하느님의 뜻대로 될 거라는 것을 아는 사람들이며, 하느님의 뜻대로 될 때가 가장 화평하고 풍요롭고 자유롭다는 것을 안다. 즉, 만사를 하느님에게 다 맡기고 지금을 충실히 재미있게 사는 사람들이다. 그렇다. 지금까지 만나 본 미래로부터 사는 사람들은 이상하리만큼 사회에서 큰 성공과 풍요를 누리며 살고 있다.

말에는 엄청난 힘이 있다

인류의 99.9%가 이 말의 힘을 잘못 사용하고 있다. 0.1%만이 그 힘을 바르게 사용하고 있으며, 그 0.1%가 지구상의 99%의 부富를 모두 차지하고 있다. 나머지 1%의 부를 99%의 사람들이 나누어 쓰느라 박 터지게 싸우는 것이다. 말의 힘은 옛 문헌에도 군데군데 나와 있다.

달마가 한 말 중에,

사명창조명운("명命을 내려 운명運命이 만들어지는 것이 아니라"=선언을 하니 운명이 만들어진 것이 아니라)

요한복음에,

"태초에 말씀이 계셨으니, 말씀이 곧 하나님이니라"

마태복음에,

"너희가 믿음을 구하는 것은 전부 다 받으리라. 구하라 그러면 주실 것이요. 문을 두드리라 그러면 열릴 것이니라"

우파니샤드에,

"너희가 말로써 구하는 모든 것은 너희의 현실에 그대로 다 이루어질 것이니라"

제리힉스가 아브라함과 채널링이 되었을 때 아브라함이 한 말씀이, 미묘한 생각이 무의미하게 땅에 떨어지고 마는 일은 없다. 티끌만한 생각이라도 그것은 언젠가는 현실로 나타나는 것이다. 그 표출기간이 한 달 후냐 일 년 후냐 아니면 10년 후냐 하는 것은 생각의 강도에 의한 것이다.

오늘 원하는 것을 정확하게 말로 표현하자. 당신 안에 있는 하느님의 힘이 그 모든 것을 이루어낸다. 이것은 선악善惡이 없다. 당신이 두려움과 불행不幸과 실패失敗를 생각하고 말한다면 당신에게는 그런 현실만이 계속 나타나는 것이다. 당신이 부와 풍요와 평화와 자유와 성공만을 생각하는 0.1%가 되기를 기원한다.

배짱 있게 산다(be boldness)

배짱 있게 산다는 것은 용기 있게 산다와 비슷한 것 같지만 약간의 차이가 분명 있다. 배짱 있게 산다는 것은 삶의 태도와 관계가 있다. 배짱 있게 살려고 하면 먼저 사람들의 시선을 무시할 줄 알아야 한다. '남들이 나를 어떻게 생각할까, 내가 이렇게 행동하면 나를 이상하게 보지 않을까, 무시당하면 안 되는데 굳이 이렇게까지 행동할 필요가 있을까' 등등

우리는 너무나 많은 판단의 기준을 타인에게 두고 있다. 그래서는 행복하지도 않으며 배짱 있게 살지도 못한다. 괜히 '거절당하거나 무시당할 필요는 없지' 이런 생각으로 우리는 좋은 기회를 많이 놓치고 살아간다. 그리 살아서 도대체 뭐가 남는다는 것인가?

흔히들 '가만히 있으면 중간은 간다'고 말한다. 그럼 중간으로 살아서 뭐하려고 하는가? 이때, 그냥 사는 거라고 대답할 것인

가? 이런 맹탕으로 사는 것이 좋을까? 술에 물탄 듯 물에 술탄 듯 물도 아니고 술도 아닌 것으로...

이것이 지금까지 당신이 살아온 삶의 지향점이라면 오늘 버려 버리자. 술이 될 것이면 천년을 가는 술이 되고, 물이 될 것이면 정말 맑은 물이 되자. 그때 배짱이 생긴다. 배짱은 폼을 잡고 살아가는 것이 아니다. 배짱은 여러분 안에서 자라나는 깨달음으로 얻어지는 것이다. 배짱은 삶에 대한 담대함이다.

나는 천년을 가는 술로 살겠다.

나는 정말 맑은 물이 되겠다.

나는 타인이 어떻게 생각하는지 신경 쓰지 않겠다.

나의 행복의 기준은 바로 나다.

천년을 가는 술이 되든, 맑은 물이 되든 하자. 이것도 저것도 아닌 맹탕으로 살아가지 말자. 맹탕은 쓸 데가 없다. 그렇다면 결정이 되었는가? 비로소 생겨나는 마음이 바로 배짱이다.

당신에 대한 메시지

당신은 하느님 바로 근원 에너지와 한번도 떨어져 있어 본 적이 없다. 왜냐하면 그 근원 에너지의 표현이 당신이니까. 이 물리적인 현실과 이 시공간으로 당신이 태어난 것은 근원 에너지인 하느님의 뜻으로, 그것은 여러 가지의 다양한 체험을 통해서 성장과 기쁨과 자유를 누리기 위함이다. 당신의 결정과 관심과 상상과 생각을 통해 하느님은 계속 표현되고 있으며, 이 힘이 당신의 현실을 만들고 있다.

그렇다면 이 세상에서 가장 빠르고 힘 있게 그리고 확실하게 당신의 모든 꿈과 소망과 바람을 한방에 모두 이루어내는 선언을 말하고자 한다.

"나는 하느님이다. 나는 존재하는 모든 것이고 절대의 힘이며 우주 그 자체이다. 내가 하느님이며 하느님이 나이다." 바로 이 선언이 지금 당신의 모든 꿈을 이루어주는 선언이다.

이 선언을 하면 하느님의 힘과 권능과 지성이 해방되어 반드시 그대로 당신에게 이루어진다. 이 힘을 더욱더 해방시켜야 한다. 당신이 하느님으로 되어 가면 갈수록 당신의 창조는 더욱 빨리 현실로 이루어질 것이고 당신은 지금의 당신이 볼 수 없는 것을 볼 수 있게 될 것이고, 지금의 당신이 할 수 없는 일을 할 수 있게 될 것이며, 하느님이 무엇인지 그 근본적인 모든 것을 알게 될 것이다.